陈忠实
白鹿原散文

chen zhong shi

陈忠实

文汇出版社

图书在版编目(CIP)数据

陈忠实白鹿原散文 / 陈忠实著. —上海：文汇出版社，2018.9
(文汇. 金散文)
ISBN 978-7-5496-2680-9

Ⅰ.①陈… Ⅱ.①陈… Ⅲ.①散文集-中国-当代 Ⅳ.①I267

中国版本图书馆 CIP 数据核字(2018)第 160830 号

- 主　　编：陈先法　杨海蒂
- 本册选编：邢小利

"文汇·金散文"（第二辑）

陈忠实白鹿原散文

出 版 人：桂国强
作　　者：陈忠实
责任编辑：张　涛
装帧设计：Q_Design

出版发行：文汇出版社
　　　　　上海市威海路755号　邮政编码：200041
经　　销：全国新华书店
印刷装订：启东市人民印刷有限公司

版　　次：2018年9月第1版
印　　次：2018年9月第1次印刷
开　　本：890×1240　1/32
字　　数：170千
印　　张：8.625

ISBN：978-7-5496-2680-9
定　　价：38.00元

·版权所有　侵权必究·

陈忠实白鹿原散文

目 录
Contents

第一辑

又见鹭鸶·003

汽笛·布鞋·红腰带·008

生命之雨·015

拥有一方绿荫

——《我的树》之一·023

绿蜘蛛,褐蜘蛛

——《我的树》之二·028

绿风

——《我的树》之三·038

第二辑

告别白鸽·047

五十开始·057

喇叭裤与"本本"·071

家之脉·078

麦饭

——关中民间食谱之一·082

搅团

——关中民间食谱之二·086

三九的雨·090

漕渠三月三·095

遇合燕子,还有麻雀·110

原下的日子·120

第三辑

白鹿回到白鹿原·131

关于一条河的记忆和想象·134

陪一个人上原·146

父亲的树·154

接通地脉·163

在原下感受关中·168

难忘一渠清流·172

第四辑

我经历的狼·181

我经历的鬼·193

原上原下樱桃红·205

饭事记趣·212

我们村的关老爷·231

一个人的邮政代办点·235

接通地脉，只因乡村情感·242

儿时的原·247

愿白鹿长驻此原·265

第一辑

又见鹭鸶

那是春天的一个惯常的傍晚,我沿着水边的沙滩漫不经意地悠步。旱草和水草都已经蓬勃起来,河川里满眼都是盎然生机,野艾苦蒿薄荷和鱼腥草的气味混合着弥漫在空气里,风轻柔而又湿润。在桌椅间窝蜷了一天的四肢和绷紧的神经,渐渐舒展开来松弛开来。

绕过一道河石垒堆的防洪坝,我突然瞅见了鹭鸶,两只,当下竟不敢再挪动一步,生怕冲撞了它惊飞了它,便蹑手蹑脚悄悄默默在沙地上坐下来,压抑着冲到唇边的惊叹,哦!鹭鸶又飞回来了!

在顺流而下大约三十米外,河水从那儿朝南拐了个大弯儿,弯儿拐得不急不直随心所欲,便拐出一大片生动的绿洲,贴近水流的沙滩上水草尤其茂密。两只雪白的鹭鸶就在那个弯头上踯躅,在那一片生机盎然的绿草中悠然漫步;曲线优美到无与伦比的脖颈迅捷地探入水中,倏忽又在草丛里扬起头来;两条峭拔的长腿淹没在水里,举趾移步优然雅然;一会儿此前彼后,此左彼右,一会儿又此后彼前此右彼左;断定是一对儿没有雄尊雌卑或阴盛阳衰的纯粹感情维系的平等夫妻……

于是,小河的这一方便呈现出别开生面令人陶醉的风景,清澈透碧的河水哗哗吟唱着在河滩里蜿蜒,两个穿着艳丽的女子在对岸的水边倚石搓洗衣裳,三头紫红毛色的牛和一头乳毛嫩黄的牛犊在沙滩草地上吃草,三个放牛娃三对角坐在草地上玩扑克,蓝天上只有一缕游丝似的白云凝而不动,落日正渲染出即将告别时的热烈和辉煌……这些时常见惯的景致,全都因为一双鹭鸶的出现而生动起来。

不见鹭鸶,少说也有二十多年了。小时候在河里耍水在河边割草,鹭鸶就在头前或身后的浅水里,有时竟在草笼旁边停立;上学和下学涉过河水时,鹭鸶在头顶翩翩飞翔,我曾经妄想把一只鸽哨儿戴到它的尾毛上;大了时在稻田里插秧或是给稻畦里放水,鹭鸶又在稻田坨梁上悠然踱步,丝毫也不戒备我手中的铁锨……难得泯灭的永远鲜活的鹭鸶的倩影,现在就从心里扑飞出来,化成活泼的生灵在眼前的河湾里。

至今我也搞不清鹭鸶突然离去突然绝迹的因由,鸟类神秘的生活习性和生存选择难以揣摩。岂止鹭鸶这样的小河流域鸟类中的贵族,乡民们视作报喜的喜鹊也绝迹了,张着大翅盘旋在村庄上空窥伺母鸡的恶老鹰彻底销踪匿迹了,连丑陋不堪猥琐笨拙的斑鸠也再不复现了,甚至连飞起来遮天蔽日的丧婆儿黑乌鸦都见不着一只,只有麻雀种族旺盛,村庄和田野处处都只能听到麻雀的叽叽喳喳。到底发生了什么灾变,使鸟类王国土崩瓦解灭族灭种留下一片大地静悄悄?

单说鹭鸶。许是水流逐年衰枯稻田消失绿地锐减,这鸟儿瞧不上越来越僵硬的小河川道了?许是乡民滥施化肥农药污染了流水也污浊了空气,鹭鸶感到窒息而逃逸了?许是沿河两岸频频敲打的庆贺"指示"发表的锣鼓和震天撼地的炮铳,使这喜欢悠闲的贵族阶级心惊肉跳恐惧不安,抑或是不屑于这一方地域上人类的愚蠢可笑拂尾而去?许是那些隐蔽在树后的猎手暗施的冷枪,击中了鹭鸶夫妻双方中的雌或雄的,剩下的一个鳏夫或寡妇悲怆遁逃?

又见鹭鸶!又见鹭鸶!

落日已尽红霞隐退暮霭渐合。两只鹭鸶悠然腾起,翩然闪动着洁白的翅膀逐渐升高,没有顺河而下也没见逆流而上,偏是掠过小河朝北岸树木葱茏的村庄飞去了。我顿然悟觉,鹭鸶原是在村庄里的大树上筑巢育雏的。我的小学校所在的村庄面临河岸的一片白杨林子里,枝枝杈杈间竟有二十多个鹭鸶搭筑的窝巢,乡民们无论男女无论老幼引为荣耀视为吉祥。一只刚刚生出羽毛的雏儿掉到地上,竟然惊动了整个村庄的男女老少,合议着公推一位爬树利落的姑娘把它送回窝儿里。更不必担心伤害鹭鸶的事了,那是被视为作孽短寿的事。鹭鸶和人类同居一处无疑是一种天然和谐,是鸟类对人类善良天性的信赖和依傍。这两只鹭鸶飞到北岸的哪个村庄里去了呢？在谁家门前或屋后的树上筑巢育雏呢，谁家有幸得此吉兆得此可贵的信赖情愫呢？

我便天天傍晚到河湾里来，等待鹭鸶。连续五六天，不见踪影，我才发现没有鹭鸶的小河黯然失色。我明白自己实际是在重演那个可笑的"守株待兔"的寓言故事，然而还是忍不住要来。鹭鸶的倩影太富于诱惑了。那姿容端的是一种仙骨神韵，一种优雅一种大度一种自然；起飞时悠然翩然，落水里也悠然翩然，看不出得意时的昂扬恣肆，也看不出失意下的气急败坏；即使在水里啄食小虫小虾青叶草芽儿，也不似鸡们鸭们雀们饿不及待的贪馋和贪婪相。二三十年不见鹭鸶，早已不存再见的期冀和奢望，一见便不能抑止和罢休。我随之改变守候而为寻找，隔天沿着河流朝下，隔天又溯流而上，竟是一周的寻寻觅觅而终不得见。

我又决定改变寻找的时间，于是舍弃了一个美好的出活儿的早晨，在黎明的曦微中沿着河水朝上走。大约走出五华里路程，河川骤然开阔起来，河对岸有一大片齐肩高的芦苇，临着流水的芦苇幼林边，那两只鹭鸶正在悠然漫步，刚出山顶的霞光把白色的羽毛染成霓虹。

哦！鹭鸶还在这小河川道里。

哦！鹭鸶对人类的信赖毕竟是可以重新建立的。

我在一块河石上悄然坐下来，隔水眺望那一对圣物，心头便涌出一首脍炙人口的诗歌来：

蒹葭苍苍,
白露为霜。
所谓伊人,
在水一方。

1992年8月于西安

汽笛·布鞋·红腰带

一个年过五十的人，依然清晰地记得平生听到第一声火车汽笛时的情景。

他当时刚刚勒上了头一条红腰带。这是家乡人遇到本命年时避灾禳祸乞求平安福祉的吉祥物，无论男女无论长幼无论尊卑都要在本命年到来的头一天早晨穿裤子时勒上腰的。那是母亲用自纺的棉线四股合成一股，经过浆洗经过大红颜色的煮染再经过蜂蜡的打磨，然后把经线绷在两个膝盖之间织成的。早在母亲搓棉花捻子和纺线的时候就不断念叨："娃的本命年快到了，得织一条红腰带。"在标志着一年将尽的最后一个月份——腊月——到来之前，母亲已经织好了一条红腰带，只让他试着勒了一下就藏进木板柜里，直到大年三十晚上才取出来放到枕头旁边，叮嘱他天明起来换穿新衣新裤时结上那根红腰带。他那时只是为了那条鲜红的线织腰带感到新奇而激动不已，却不能意识到生命历程的第二个十二年将从明天早晨开始……

半年以后,他勒在腰里的红带已经变成了紫黑色的了,鲜艳的红色被汗渍尿垢以及褪色的黑裤污染得失去了原本的颜色。他依旧勒着这条保命带走出了家乡小学所在的小镇,到三十里外的历史名镇灞桥去投考中学。领着他的是一位四十多岁的班主任老师,姓杜;和他一起去投考的有二十多个同学,这些小学同学中有的已经结婚,那是他们在新中国成立后才迟迟获得读书机会的缘故,他是他们当中年龄最小个头最矮的一个。

这是一次真正的人生之旅。

从小镇小学校后门走出来便踏上了公路。这是一条国道,西起西安沿着灞河川道再进入秦岭,在秦岭山岩中盘旋蜿蜒一直通到湖北省内。这是他第一次走出家门三公里以外的旅行。他昨夜激动惶惧得几乎不能成眠;他肩头挎着一只书包,包里装着课本,一支毛笔和一只墨盒,还有几个学生灶发给的混面馍馍,还有一块洗脸擦脸用的布巾,同样是母亲用织布机织下的手工布巾……口袋里却连一分钱也没有。

开始上路他和老师、同学相跟着走,大约走出十多里路也不觉得累,同学们大都是来自小镇附近村庄,谁也没出过远门,兴致很高心劲十足一路说说笑笑叽叽嘎嘎。后来的悲剧是从脚下发生的。他感觉脚后跟有点疼,脱下鞋来看了看,鞋底磨透了,脚后跟上磨出红色的肉丝淌着血,血浆渗湿了鞋底和鞋帮。他首先诅咒的便是砂石铺垫的国道上的砂子,全然想不到母亲纳扎的布鞋鞋底经不住砂石的磨砺,随后才意识到是一双早已磨薄了的旧布鞋的鞋底。在他没有发现鞋破脚破之前还能撑持住往前走,而当他看到脚后跟上的血肉时便怯了,步子也慢了。

似乎不单是脚后跟上出了毛病,全身都变得困倦无力,双腿连往前挪一步的勇气都没有了,每一次抬脚举步都畏怯落地之后所产生的血肉之苦。他看见杜老师在向他招手。他听见同学在前头呼叫他。他流下眼泪来,觉得再也撑不上他们了。他企望能撞见一位熟人吆赶的马车,瞬间又悲哀地想到,自己其实原来就不认识任何一位车把式。

他看见杜老师和一位结过婚的小学生大同学倒追过来,立即擦干了眼泪。老师和同学的关心鼓励丝毫也不能减轻脚下的痛楚和抬脚触地时引发的内心的畏怯。老师和大同学不能只等他一人而往前走了。他没有说明鞋底磨透脚跟磨烂的事,不是出于坚强而纯粹是因为爱面子,他怕那些能穿起耐磨的胶质球鞋的同学笑自己穷酸。这种爱面子的心理不知何时形成的,以至影响到他后来的全部生活历程,不愿意在任何人面前哭穷。老师和大同学临走时留给他的一句话是:"往前走不敢停。慢点儿不要紧只是不敢停下。我们在前头等你。"

他已经看不见杜老师率领着的那支小小的赶考队伍了。他期望在路上捡到一块烂布包住脚后跟,终于没有发现哪怕是巴掌大的一块碎布而失望了。他从路边的杨树上捋下一把树叶塞进鞋窝儿,大约只舒服了两分钟走出不过十几米就结束了暂短的美好和幼稚。他终于下狠心从书包里摸出那块擦脸用的布巾,相当于课本的两倍大小,只能包住一只脚。洗脸擦脸已经不大重要了,撩起衣襟就可以代替布巾来使用。用布巾包住的一只脚不再直接遭受砂石的蹭磨减轻了疼痛,况且可以使另一只脚踮起脚尖而避免脚后跟着地。他踮着一只脚尖就跛着往前赶,果然加快了行速。走过不知有多少路程,布巾很快又磨透了,他把布巾倒过来再包到脚上,直到那块布巾被踩磨得稀烂而毫无用处。他最后从书包拿出了课本,先是算术,后是语文,一扎一扎撕下来塞进鞋窝……只要能走进考场,他自信可以不需要翻动它们就能考中;如果万一名落孙山,这些课本无论语文或是算术就都变成毫无用处的废物了。那些课本的纸张更经不住砂石的蹭磨,很快被踩踏成碎片从鞋窝里泛出来撒落到砂石国道上,像埋葬死人时沿路抛撒的纸钱。直到课本被撕光,他几乎完全绝望了,脚跟的疼痛逐渐加剧到每一抬足都会心惊肉跳,走进考场的最后一丝勇气终于断灭了。他站下随之又坐下来,等待有一挂回程的马车,即使陌生的车夫也要乞求。他对念中学似乎也没有太明晰的目标,回家去割草拾柴也未必不好……伟大的转机就在他完全崩溃刚刚坐下的时候发生了,他听到了一声火车汽笛的嘶鸣。

他被震得从路边的土地上弹跳起来。他被惊吓得几乎又软瘫坐下。他的耳膜长久地处于一种无知觉的空白。他的胸腔随着铿锵铿锵的轮声起伏着颤栗着。他惊惧慌乱不知所措而茫然四顾,终于看见一股射向蓝天的白烟和一列呼啸奔驰过来的火车。他能辨识出火车凭借的是语文课本上的一幅拙劣的插图。这是他平生第一次看见火车。第一次听见火车汽笛的鸣叫。隐蔽在塬坡皱褶里的家乡村庄，一年四季只有人声牛哞狗吠鸡鸣和鸟叫。列车从他眼前的原野上飞驰过去，绿色的车厢绿色的窗帘和白色的玻璃，启开的窗户晃过模糊的男人或女人的脸，还有一个把手伸出窗口的男孩的脸……直到火车消失在柳林丛中，直到柳树梢头的蓝烟渐渐淡化为乌有，直到远处传来不再那么震慑而显得悠扬的汽笛声响，他仍然无法理解火车以及坐在火车车厢里的人会是一种什么滋味儿？坐在飞驰的火车上透过敞开的窗口看见的田野会是怎样的情景？坐在火车上的人瞧见一个穿着磨透了鞋底磨烂了脚后跟的乡村娃子会是怎样的眼光？尤其是那个和他年岁相仿已经坐着火车旅行的男孩？

天哪！这世界上有那么多人坐着火车跑哩而根本不用双腿走路！他用双脚赶路却穿着一双磨穿了鞋底磨烂了脚后跟的布鞋一步一蹭血地踯躅！似乎有一股无形的神力从生命的那个象征部位腾起，穿过勒着红腰带的腹部冲进胸腔又冲上脑顶，他无端地愤怒了，一切朦胧的或明晰的感觉凝结成一句，不能永远穿着没后底的破布鞋走路……他把残留在鞋窝里的烂布绺烂树叶烂纸屑腾光倒净，咬着牙在砂石国道上重新举步，腿上有劲了，脚后跟也还在淌血还疼，走过一阵儿竟然奇迹般地不疼了，似乎那越磨越烂得深的脚后跟不是属于他的，而是属于另一个怯弱者懦弱鬼王八蛋的……在离考场的学校还有一二里远的地方，他终于追赶上了老师和同学，却依然不让他们看他惨不堪睹的两只脚后跟。

……

在那场历时十年的大浩劫发生时，他虽未被完全打翻却感到已经走到生命的尽头。那一年又正好是他勒上第二条红腰带开始第三轮十二年的时候。他被划进刘少奇路线而注定了政治生命的完结，他所钟情的文学在刚刚发出处女作便夭折了，家庭的灾难也接踵而至，不是祸不单行而是三面伏击四面楚歌。他步入社会尚无任何生活经验也无丝毫的防卫能力，很快便觉得进入绝境而看不出任何希望，不止一次于深夜走到一口水井边企图结束完全变成行尸走肉的自己。没有促成他纵身一投的缘由，便是他在那最后一刻听到了发自生命内部的那一声汽笛的鸣叫……

在他勒上第三条红腰带开始生命年轮的第四个十二年的时候，恰好又遭遇到一次重大的挫折。如果说上一次的遭遇与红腰带有无什么联系尚无意识，这一次就令他暗暗惊诧了，人类生命本身是否存在着一种神秘的周期性灾变？他不再以一个简单的无神论者的简单态度轻易去判断其有无了。这一次挫折纯粹是自作自受，不能怨天不能怨地更不能怨天下任何人，自己写下一篇对生活做出简单谬误判断的小说而声名狼藉。他曾想告别政坛也告别文学，重新回到学校做一名乡村教师，与农村孩子去交朋友。在那个人生重大抉择的重要关头，他不仅又一次听到了那声汽笛，而且想到了那双磨透了鞋底磨烂了脚跟的布鞋。有什么可畏惧的呢？本来就是穿着磨透鞋底的布鞋走进社会的，最终最糟失掉的大不了也就是又一双破烂布鞋……他走进图书馆，把莫泊桑和契诃夫的小说抱回住屋,昼夜与这两个欧洲人拥抱在一起。

他后来成为一个作家,但不是著名的,却终归算一个作家。这个作家已过"知天命"的年岁,回顾整个生命历程的时候,所有经过的欢乐已不再成为欢乐,所有经历的灾难挫折引起的痛苦也不再是痛苦,变成了只有自己可以理解的生命体验,剩下的还有一声储存于生命磁带上的汽笛鸣叫和一双破了鞋底的布鞋。

他想给进入花季刚刚勒上头一条或第二条红腰带的朋友致以祝贺,无论往后的生命历程中遇到怎样的挫折怎样的委屈怎样的龌龊,不要动摇也不必辩解,走你认定了的路吧!因为任何动摇包括辩解,都会耗费心力耗费时间耗费生命,不要耽搁了自己的行程。

1993年6月18日草于小寨　6月21日改定

生命之雨

一个年过五十的人,某天傍晚突然警悟,他的生命中最敏感的竟然是雨。

秋日。傍晚。

细雨如丝如缕如烟,无穷无尽的前方和已经穷尽的身后都是这种雨丝,飘飘洒洒却无声无息。他沿着家乡的河水在沙滩上走着。一旦有雨或雪降下,他就有一种迎接雨雪的骚动而必须刻不容缓地走向雨雪迷蒙的田野。他的腋下挟着一把黑色雨伞,除非雨点变得粗疾起来才准备打开。

沙滩上的野苇子的茸毛已经飘落,蒿草和绿色无可挽救地变得灰黑而苍老了。他看见河的远处有人在涉水过河,辨不清过河的是男人还是女人,雨雾把雄性和雌性的外部特征模糊起来了。走过滩柳丛生的一道沙梁,一个看去和他年龄相仿的女人伫立在沙地上,看守着七八只羊。女人的右手攥着一根新鲜的柳枝儿,无疑是用来警示她的羊的武器；她的左腋下挟着一只金黄色的草帽，而让头发也淋着雨。她的生命中也敏感雨而渴盼细雨的浇灌和滋润么？

女人满脸皱纹，皮肤皴黑而粗糙，骨骼粗硬而显示着棱角；她挽着黑色的裤脚，露出小腿如同庄稼汉一样坚硬的筋骨的轮廓。他瞅着她，又瞅着她的羊，瞅过去是七只，倒瞅过来却成了八只；数过了羊又瞅她。他瞅着数着羊是潜意识的行为，避免死呆呆瞅着她而引起反感。瞅了瞅她又去数羊，这回数过去是八只，再数过来又成了七只。

她却只瞅着她的羊，或者根本就没有瞅羊。她也不瞅他。他想，在她说不清是呆滞或是不屑的眼神里，他不过也是一只羊吧？他便走开了，踏上高踞沙滩的河堤。

母亲说生他的时候正是三伏天。母亲强调说他落地的时辰是三伏天的午时。母亲对他落地后的记忆十分清晰，落地后不过半个时辰全身就潮起了痱子，从头顶到每一根脚指头，都覆盖着一层密密麻麻的热痱子。只有两片嘴唇例外地侥幸，却暴起苞谷粒大的燎泡。母亲说整整一个夏天里，他身上的热痱子一茬尚未完全干壳，新的一茬便迫不及待地又冒了出来，褪掉的干皮每天都可以撕下小半碗。母亲说她在月子里就只是替他从头到脚撕揭干壳了的痱子皮……母亲对已经成年了的他遭遇灾难时便说："你落生的时辰太焦躁了。那天能遇着下雨就好了。"

他后来得知,他与父亲同一个属相:马。这根本不用奇怪,家族中两代人和两代人之中同一属相的现象屡见不鲜完全正常。奇异的是,他和父亲同月同日生,而且时辰都是午时。只是没有人说得清,父亲出生时潮没潮起那么厉害的热痱子,父亲出生时是否侥幸遇到了三伏天的雨。

他便猜疑,在他来到这个世界时便领受到的如煎如煮的酷热焦躁,在父亲来说早已领受过了,从而并不以为什么了不起。

关于他的父亲,他想写篇小文章来悼念那位如草芥一样无声无响度过一生又悄然死去的农民,然而终于没有形成文字。原因在于,那个念头刚一产生,如潮的记忆便把他齐头盖脑淹没了。他喘息着又合上了钢笔。父亲是一本书,不是一篇小文章。

现在,他只能说一句话,在这个世界上,他最熟悉最了解的是他的父亲,而最难理解的也是他的父亲。他深深地懊悔,直到父亲离开这个世界时,才发觉自己从来也没有太在意过父亲。起初他剖析造成这种懊悔心理的因素,是他既不可能对父亲寄托稍大点儿的依赖,更不可能发现以至研究他有什么伟大和不平凡之处;后来随着生命体验的不断加深,终于有一天醒悟过来,便是从来也没有想到过对父亲的心理设防,是一种绝对的心理安全的天然依赖,反倒不太在意了。

父亲死亡的情景永难忘记。一个自身生长的异物堵死了食道,直到连一滴水也不能通过,那具庞大的躯体日渐一日萎缩成一株干枯的死树……哦!生命中的雨啊!

他一个人坐在家乡的河边,天上洒下旱季里少见的蒙蒙细雨。他刚刚二十岁,开始了永远的没有限期的暑假,从学校走向社会了。他半是豪勇半是惶惑,怀着宏大的文学梦却又怀疑自己是否具备文学的天赋,自信与自卑五十对五十折磨着他,便有了一种独自散步的欲望,尤其是在雨雾迷茫之中。

这条河不大却闻名于遥远悠久的历史,河有多长,河边的柳林就有多长。骚客文人折柳赠别也抛撒离愁思怨的诗句,成为一代又一代文化人寄托情怀的佳作。他坐在水边,一个琴瑟般的声音不期而至:"大哥哥你饿吗?"他转过头就看见了一只小仙鹤,是的,这个大约不过十岁的女孩像河滩草地上偶然降至的仙鹤。他苦笑一下摇摇头。处于整个民族的大饥饿年代,小孩子看世界的眼睛也是饥饿。他笑笑说:"我渴。"河堤上传下来一声笑,他看见那儿站着一位干部,这是一家大企业的党的领导干部,据说是一位出身富贾而又背叛了自己阶级的老革命,革命胜利了他已成为企业领导,却依然需要下放乡村锻炼改造⋯⋯他很忠诚,不仅自己老老实实在农民中间生活,而且还利用暑假把小女儿也领到这炼狱里来改造了。

几十年后,在一次全国性的文学集会上,有一位中年女人向他走来:"你现在是饿还是渴?"

"还是渴。"

"还是渴?"

"是渴⋯⋯生命之雨。"

她说她后来随父亲到北方一个城市,又转过四五个城市。她现在在一家报纸主持着一个《婚姻与家庭》的专栏。她在年轻男女中名声显赫,几乎家喻户晓,当然是她坦率而又真诚地解答过来自全国各地青年男女关于爱的困惑,并因此而很自信:"你比我写的书多,我比你写的信多;你只是在文学圈子里有名声,而我却在青年人心中是知音。"她的佐证是多年来收到和回复青年人的书信数以万计。她说她读过他的全部作品,当然不是因为作品好不好,亦不是要研究他的创作,主要是因为在他未成名之前她见过他一面,那时她不足十岁。她说:"我至少给青年朋友写过两万多封信,而你的小说最多发行五千册。"

他很尴尬,随之反诘:"我也来请你解答一下过去的问题,有一对年轻夫妇在'文革'中分属对立的两派组织,妻子向自己一派的造反队司令报告了丈夫的行踪,丈夫被抓去打断了一条腿。这位现在走路还颠着跛着的丈夫仍然和那位告密的妻子生活在一起。他向你写过信没有?如果他有一天写信给你要求解释困惑,你怎么回答他?"她张了张口却摇摇头笑了,竟是一副不屑回答的神气。

半年以后,他接到她从千里之外的城市打来的长途电话,说她今天收到一封信,信中所表述的精神痛苦使她陷入深沉的无言以对的心境之中,那人的遭遇与他所说的"文革"夫妇的故事大同小异,关键在于他们的故事一直延续到今天而且还有发展,类似于被打断腿的这个跛子丈夫,居然投靠那个抓他施刑的造反队头儿的门庭挣钱去了。造反队头儿受过几年冷落之后,现在是一位腰里别着大哥大的公司老板了……现在反倒是类似于那个告密妻子的陷入痛苦境地,据说是丈夫现在跟着那个不计前嫌的老板北上南下东闯西骗,出入星级宾馆酒楼歌舞厅,既卡拉OK又KTV还桑拿浴……她在电话中向他复述了这个故事,情绪很沉静,似乎没有了她写过两万余封回信的那种自信与得意,很真诚地说:"上次你讲的那对'文革'夫妇的故事我没有回答,我觉得那是你们上一代人的故事和困惑;你们上一代人所处的那个时代是一个不正常的时代,用今天正常人的思维是无法理解也无法解释的,因为他和她都是不正常生活里的不正常的人所演绎的不正常故事。现在,当他和她在今天正常的社会里继续演绎不正常的故事时,我竟然第一次感觉到我的肤浅,无法回答那个类似告密妻子的新的苦恼……"他反而宽厚地安慰她说:"是的,你不可能解除所有痛苦着的心灵的痛苦,也不可能拯救所有沉沦的灵魂。"她说:"我总得给她回信呀!情急之下,我用了你的一句话回复了她,就是'生命之雨'。"

他说:"这话太……"

她说:"我就想起你的这句话……恰不恰当都不管了,上帝!"

蒙蒙细雨依然。依然是如丝如缕如烟。依然是飘飘洒洒无声无响。他已经走到这一段河堤的尽头,河堤朝南拐弯伸展过去,顶头和南岸的山崖接住了;那一段河堤从山崖下开始延伸到雨雾迷茫的无穷无尽的上游。人生其实也类似这河堤,分作一段一段的,这一段到头了,下段又从这儿开始,一直延伸成为一个生命的河流。

　　河堤拐弯的内堤里，就圈住了好大一片滩地。滩地里有一幢孤零零的土坯房，房子的南墙和西墙上苫着一层长长的稻草，那是防止西风和南边的下山风卷来的骤雨对泥皮土坯的冲刷的，就像一位插秧的农夫身披的蓑衣。房前有一片偌大的打谷场，场角靠近房子的地方有一个黄色的麦秸垛。他猜测这是一个土地承包经营者仓促建筑的房子，从那简陋的建筑判断，主人完全是出于一种临时的考虑，不愿投注更多的钱财给这幢远离村庄的建筑。

　　一个男人吆着牛拽着犁在翻耕打谷场。打谷场已经完成了夏季打麦秋季打谷的用场，现在翻耕以恢复土地的疏松和绵软，然后撒下早熟的青稞或者油菜籽，赶明年收割小麦之前先收获了青稞或油菜，再把这块土地碾压瓷实做打谷场。男人悠悠地吆着牛扶着犁，没有戴草帽，一任细雨淋着。一个女人站在麦秸垛下撕扯麦草，撕下一把便弯下腰纳到一只大竹条笼里，动作也是悠悠的不急不忙的样子。只是那一件红色的衣衫像一簇火焰在迷茫的河滩上闪耀。

　　一男一女一低一高两个小孩在场地上追逐，他们从土屋里奔出来时就是互相追逐着的，大约是男孩抢走了霸占了女孩的吃食或玩具，争执便发生了。女孩追着男孩显然力不从心，在溜滑的打谷场上摔倒了，顺势在场地上打滚而且号啕起来。那女人扔下柴火笼飞跑过去，在滑溜的打麦场上跑起来闪动着两只胳膊，像是一种舞蹈。她没有扶起倒地打滚的女孩，一直冲到男孩跟前，一巴掌抽过去就把男孩打翻在地了。她随后转身走过来抱起女孩,另一胳膊挎上柴火笼走进土屋里去了。

他竟然大声喊起来,愚蠢你愚蠢!你是个愚蠢的妈妈!

男人喝住牛插住犁,慢腾腾走过去抱起男孩,也走进那间土屋里去了。

一头在套的牛站在打麦场上甩着尾巴。

土屋房顶的烟囱有灰色的烟冒出来。

他依然站在河堤上。几十年后,那个扯柴火打男孩抱女孩的愚蠢的女人肯定就变成那个放牧着七八只羊的粗硬的老女人了吧?那个受宠的女孩会不会成长为如那个写过两万多封回信的专栏主持人?

那土屋里暴起激烈的吵闹声,浑厚的男声和尖锐的女声。肯定那是关于应不应该打倒男孩的争执。他忽然想到她,如果把这幢远离人群的河滩土屋里的争论提到她的专栏上,她还会用他的"生命中的雨"这话来解释给这一对乡野夫妻吗?

拥有一方绿荫
——《我的树》之一

农历十月初一是家乡的鬼节,活着的人要给死去的亲人烧纸送钱,好让他们在冬季到来之前备置防寒的衣物。在这种事情上我一直是处于理智和情感的分离状态,结果却是一次又一次顺从了情感的驱使,便匆匆赶回乡下老家,去为我的那位终身都在为吃饭穿衣愁肠百结的父亲烧一匝纸钱,让他在冥冥之域不再饥寒交困。

转过村里那座濒临倒塌的关帝庙,便瞅见我的家园。那株法桐撑开偌大的三角形树冠,昂昂扬扬侍立在大门前不过十米的街路边。我的树——每一次回归家园第一眼瞅见这株法桐,我的心里就会涌出"我的树"的欣然浩叹。原因再简单不过,这株法桐是我栽的。父亲在世时喜欢栽树,我们家的房前屋后现在还蓬勃着他老先生栽植的树群,场塄上的那株白椿树已经有一搂粗了。然而我每一次回乡看见自己栽下的树都要比看见父亲栽的树更亲切,说穿了不过是栽树的人对那株幼苗当初所寄托的希冀将实现。是的,当我看见自己掘坑栽下的那株不过指头粗细的幼苗终于雄壮起来,倚立在村巷里,在浩渺的天空撑起一片绿盖的时候,我的那种感觉颇近似阅读自己刚刚写完的一部小说。

十二年前的这个月,我调进陕西作协专业创作组。我那时的唯一感觉便是开始进入最理想的人生状态;专业创作对我来说它的实质性含义只有一点,所有时间可以由我自由支配,再不要听命于谁对我的指派了。压力也同时俱来,生活、学习、创作既然全由自己支配,那么再写不出像样的作品,也就没有任何托辞可以替自己遮羞了。

我几乎同时决定回归老巢。回归我父亲我爷爷我老太爷一脉相承的家园。不是因为他们都死了需要由我来承继,纯粹是为了图得一个耳根清净的环境,可以平心静气地坐下来读书,思考一些不单是艺术也包括艺术的问题。深知自己知识残缺不全,而生活演进的步伐又如此急骤,好多好多问题太需要沉心静气地想一想了。

住在乡间真是令人心旷神怡,所有的骚扰和诱惑都自然排除。每每在清静到令人寂寞的时候我便走出大门,和村巷里随意相遇的任何一个人拉拉闲话,哪怕逗小孩玩玩也觉得十分快活。夏天暴日当头时,走出门来就招架不住炎炎烈日的烤炙,暴晒后我的头顶和赤臂就生出一层红红的小米粒似的斑点,奇痒难支,医生说那叫日光性皮炎。我便畏惧已构成暴力的太阳,于是便想到应该有一方绿荫做庇护。出得大门站在浓厚而清凉的树荫下和农人闲谝、抽烟那真是太惬意了……便想到栽两株树。

首先是树种的选择。我要栽两株法桐。几近四十年前我读初中,看过一场中国和法国合拍的儿童电影《风筝》,巴黎街道上那高大的街树令我记忆特深,我在家乡没有见过这种树。又过二十年我才知道这种树叫法桐,中国的许多城市的公路两边已经形成风景,家乡的一些农家屋院也栽植起来。

是我动手那部长篇小说写作那年的早春,我托村子里一位青年从庙会上买回两株法桐,一株一块钱。树买到了自然很遂心愿,只是遗憾着它太小太细了,仅仅只有食指那么粗。天哪!想要乘它的阴凉,想要拥有一方绿荫,得等多少年啊!

我仍然毫不犹豫地挖了坑,给坑底垫下土肥,把它栽下了;栽下了它,也就把一种对绿荫的期盼坚定地埋下了。我挂着铁锨把儿抹着脸上的汗水,欣赏着只及我胸脯高的幼株,一缕忧虑产生了,猪可以拱断它,小孩随手可以掐折它,它太弱小了嘛!于是我便扛着㭎头上山坡,挖回一捆酸枣棵子,插在幼株周围,把它严严密密地保护起来。

令我失望的是,几乎所有树木的嫩叶都变成了绿叶,我的两株法桐依然叶苞不动。我拨开酸枣棵子在那树干上掐破表皮,发现已经是干死的褐色。我想把它拔起来扔掉,就在我拽住树干准备用力的一瞬,奇迹发生了,挨近地皮露出来一点嫩黄的幼芽,我的心就由惊喜而微微颤抖了。

这是从法桐的根部冒出的新芽,证明树根还活着。树根活着就会发出新的幼芽,生命多么顽强又多么伟大啊!那是一个尚看不出叶形的粗壮的锥形幼芽,刚刚拱破地皮而崭露头角,嫩黄中有淡淡的嫩绿,估计也不只经受过一两回春天阳光的沐浴吧。我久久地蹲在那里而舍不得离开,庆祝一个新的生命的诞生。我把扒掉的酸枣棵子重新插好,这幼芽不仅经不起车碾马踏人踩猪拱,鸡爪子只要一下就会轻而易举地把它刨断把它摧毁。

我一日不下八次地看那幼芽。它蹿起来了。它由嫩黄变成嫩绿了。它终于伸出一片绿叶了。它又抽出一片新叶了。它终于冒过围护着它的酸枣棵子,以一身勃勃的绿叶挺立起来,那么欢实,那么挺拔地向着天空……唯其丝毫不敢松懈,每年春天挖一捆酸枣棵子加固防护的围障,它依然还弱小,依然经不起意外的或有意的伤害。

它长到我的胳膊粗的时候,我终于享受到它的绿荫了。那树荫投射到地面上,有筛子般大小,我站在我的树的阴凉下,接受它的庇护。它的尚不雄壮的枝干和尚不宽厚的绿叶,毕竟具备遮挡烈日烈焰的能力,我想拥有的一方绿荫的愿望实现了。那一年底,我也终于完成了历时四年的长篇小说写作工程,回城里去了。临走之前,我仍然给它的周围加固一层酸枣棵子。

去年夏天我回去,发现那树干已经长到小碗那么粗了。不知哪家的孩子用小刀在树干刻写下我的名字,刻刀的印迹已经愈合,颜色却是褐红色的,在树皮的灰白色中十分显朗。从去年到这次回归,我发现那树干急骤加粗,刻着我名字的那俩字也在长大。树下已经有偌大一片绿荫了。

法桐已经成为一株真正的树挺立在那里,巨大的伞状树冠撑持在天空。父亲在世时给我说过,树冠在天空有多大,树根在地下就会伸延多么远;树干有多粗,树的主根也就有多粗;树枝在空中往上往前伸长一尺一寸,树根在地下也就往下往周围延伸一尺一寸。我至今无法判断父亲这话有多少科学的可靠性,但确凿相信,这树的根已经扎得很深了,即使往坏处想到极点,譬如说突然被过往的汽车撞断了,或者被几十年不遇而在某一天却遇到了雷劈电击,这自然都无法预防,但这根是不会被撞毁劈断的。它会重新冒出新芽,它的生命还会重新开始。真的发生这种情况,我将无怨无悔地再去挖酸枣棵子,重新开始对我的法桐新芽的围护。

我久久伫立在我的法桐树旁,欣赏着那已经变形却依然清晰可辨的我的名字,那刻下我名字的淘气鬼也该和这树一样长高长壮了吧?天空飘落着零星小雨,日头隐没了,虽然看不到树荫,却也毫无遗憾。到明年三伏那燥热难熬的时候,我就回家园,享受暴日烈焰下的我的那一方绿荫。

绿蜘蛛，褐蜘蛛
——《我的树》之二

记不清究竟是临近清明前的哪一天早晨，我洗罢脸走出房门便惊得站住了脚，小院围墙根下的梨开花了，一嘟噜一嘟噜粉嫩嫩的白花，疏疏朗朗点缀在嫩绿的枝叶之间，密集的花朵绣结成团，稀疏的花朵独秀一枝。在我最初瞧见的一瞬顿然幻化出一位白衣天使的绰约风姿。

我走到梨树下，竟然是潜意识的轻脚慢步，似乎单怕惊飞了这位白衣仙女。树干上湿漉漉的，夜气和露水浸润着的褐色的树干像刚刚出浴的小腿。嫩绿的叶片也湿漉漉的，像仙女濯洗过后随意披散的长发。花是一簇一簇的，一根花梗里多则生出七八朵，少则四五朵，团成一簇；白如雪的花瓣，暗黄的花蕊，绿色的花柄儿，团团簇簇有如凝脂，装扮得这梨树恰如一位冰清玉澈神采仙风的白衣天女了。

记得是五年前秋末冬初的一天傍晚，邻村的一位青年时期的农民朋友到我家来,腋下挟着一捆果树苗,有几株桃树,有几株杏树,有几株李树,还有几株梨树,都是刚刚嫁接一年的幼株,说是特意送给我的。我解开捆扎的草绳儿,捏着看着那一株株细如小指的树苗,竟然激动起来了。他说他知道我盖起一年多的新房前有一块小院,他说他知道我喜欢栽树,他说他觉得给围墙内的小院栽几株各色果树最好。我也知道他现在在责任田里侍弄各种果树苗,嫁接树苗和管理果树的本领在本地区小有名气,常常被一些果树专业户请去指导。他虽然只有小学文化,生性却极聪慧,闲暇时总是对果树栽培专业书籍乐而不疲。他和我坐下喝茶,头头是道娓娓述说各类果树管理的尖端新潮技术,美国怎么怎么了,日本又怎么怎么了,令我大开眼界。

送他走后我就作难了,小院里已经栽下两株樱桃和一株小柿树,剩下的空间无论如何也容纳不下这一捆树苗生存发展的,于是我就开始了甚为困难的抉择。首先淘汰的是桃树,原因是农业合作化前我家拥有一方桃园,那几种美好的桃子的味道至今想起来依然馋涎欲滴,对如今种种好听的新品种实在不敢恭维。杏树随之也被否决了,原因是我家后坡上长过一抱粗的一棵杏树,杏子又是我们这里的土著果品已无新鲜感觉。最后割舍的是那李子树,这水果红里透紫十分好看,味道却不怎么可口,耐看而耐不得嚼。这样,便留下来四株梨树苗了,我没有种过梨树,我父亲似乎也没有栽过梨树。幼年时记得我们家有一小块地叫作梨园,父亲总是说"后响割梨园地里的麦子",或者说"梨园那儿的苞谷旱得撑持不住了水还轮不上浇"。我问过父亲梨园地里为啥没有一株梨树,没有一株梨树为啥把这块地又叫作梨园。父亲说他也不知道其中的缘由,说他从爷爷手里继承下来家业时这块地就称作梨园,爷爷这么称梨园他也就跟着叫梨园,我在跟着父亲称梨园的同时却多了一份期望,这梨园真要是有几株梨树会多好啊!我们村子里压根儿就没见过谁家种过一棵梨树,我那时候尚不知梨树的叶子是圆的还是长条的。

赶在天黑之前,我便把三株小小的梨树栽在小院里,剩下一株左看右看再也无法插足,便只好栽到围墙外边靠近大路的空地里。遭到淘汰的桃、杏、李子树毅然分送给邻居的小伙子,他们有责任田果园。我顿然产生了失丢田地以后的某种失落感和生存的狭窄感。

这时候我基本完成了一部长篇小说的构思和准备工作,就要开始草拟,不料母亲却大病始发,整整一个冬天都奔波在医院和家园之间,难得进入创作的沉心静气状态,便推后到次年春季。

草稿本子上记下的草拟开工的日子是四月一日,其时梨树苗儿已经绽出新叶,四株全部成活,显示出勃勃的生命的苗壮气势。我便在写作困倦想抽一口烟时走到小院里,在这一株旁边蹲一会儿了,在那一株跟前站一站,数一数叶子增加了几片,心头恬静得如同抚摸着小儿头上的黄毛。梨树周围是坚决不能容忍一株杂草的,几乎每天早晨都能发现刚刚拱出地皮的草芽,我随手便用一把锋利的挖铲连根刨出来……到了秋天落叶时,我竟然有一缕不忍落去的依恋,然而看着这梨树由小拇指加粗到大拇指粗,从齐我胸高一下子冒过我的头顶,一年里长高了一米多,而且四周抽出几条旁枝,初具树形了,我就真切地惊叹这绿色生命的伟力了。

当春风又一次吹绿万物,我的梨树也应时发出新芽绽出绿叶。我已不再惊讶和好奇,而是以一种沉稳踏实的心境开始盘算,到今年秋天它肯定要冒过围墙了,树干也会加粗到擀面杖一般了。去年冬天到来时,我给它们的根部埋下了充足的有机肥料,整年生长发育的养分都会绰绰有余。

意外的挫折使我心疼不已。那天我写累了又抽着烟转悠到梨树跟前,发现地上掉下来几片嫩叶,还有两个小芽尖儿。往树上一看,发现主干刚刚冒出半尺长的新芽尖儿被掐断了,一根朝西的小小分枝的芽尖也被掐断了,还有一些嫩叶梗被折断。我大为惊诧,甚为惋惜心疼,便猜想是谁家小孩子弄坏的。可是大门一直关着,孩子不可能翻墙来干这种事的。我就在这幼树上一枝一叶逐渐查证,突然在一片稍大点儿的叶子的背面发现了一只怪物,它不过像一颗扁豆粒儿那么大小,通体绿色,绿得嫩亮亮的,六只左右对称着的复足也是绿色,纹丝不动趴伏着。我在看见它的一瞬心头掠过一阵儿恐惧,皮肉收缩而悸颤起来。它的绿色不像梨树的嫩绿唤起人对于生命的礼赞,而切实让我感到了阴冷鬼祟和毛骨悚然。我虽然自小生长在农村,自以为天上飞的地上跑的飞禽走兽都可以按家乡习惯叫出名字,这个绿色的怪物却系头一遭发现。我便斗胆用手去捉它,刚刚触及树叶,那怪物便自动掉下来,在地上跑得好快,我一脚便把它踩得灰飞烟灭了。在它从树上自动坠地时,我发现了它吐出一道细丝,大约是一种自卫的安全坠地的本能,这倒启示我把它与吐丝作网的蜘蛛联系起来:绿蜘蛛。

一场你死我活惊心动魄的人蛛大战便由此启幕。我逐树逐枝逐叶一一检查,发现了绿蜘蛛,便用一根树棍儿轻轻敲击一下树叶儿,那怪物故伎重演坠到地上,我便跟上一脚将它消灭。我得意于我对它的战略战术的成功。却不料发生了问题,在东墙角的梨树上一敲,那怪物没有弹到地上而是弹到另一片树叶上,然后就在绿叶中哧溜哧溜逃窜,搞得我眼花缭乱而终于丢掉了目标。好在就这么一棵小树,没有几根分枝,从头再侦察起来。到我终于再发现它的诡秘的行踪,便忘记了它可能身蕴毒汁,一把抓上去,连同那片绿叶都揉碎在掌心了。

整死了绿蜘蛛我也陷入老大的不自在,这右手的手心总是感到别扭和不舒服。我已经用肥皂洗过三回,没有发红也没有发肿,证明那怪物体内尚无蝎子和蛇一群的毒汁。然而我仍然感到极大的不自在,我便坐在小院里抽烟。这绿蜘蛛其实既不食枝也不噬叶,它是咬断芽尖和嫩叶叶梗吸吮树的汁液来养活那绿色肉体的,这未免有点太可恶。我又想了,我未栽梨树的时候,这种怪诞的昆虫从未发现过,梨树刚刚栽下一年,它就出现了,或者说它就来了。那么,它是打哪儿来的?也许它的卵在我朋友的苗圃里就附着在小杆上或根部,而它是专门以梨树汁液为生的寄生虫却确定无疑。我也就明白了,世上有多少种禾苗多少种花草多少种树木,就会有多少种专门以各种禾苗各种花草各种树木的叶、汁甚至于为生存依托的寄生物,不必惊诧。

我后来便不再愤愤更不惊诧了,便在写作间隙里转到小院来捕杀绿蜘蛛,常常使我疲惫的神经亢奋起来,然后又沉心静气地拔出钢笔写作。整个一个春天和夏天都在进行着这种习以为常的间断性的战争,四株梨树在我的游戏似的战斗保护下蓬蓬勃勃生长起来,四棵中生长最慢的一棵也有擀面杖那么粗了。

到第三个年头的春天到来时,门外的那一株成熟了,当嫩芽开始在枝上逐渐膨胀肥大起来的时候,我发现有四五个芽苞儿几倍于普通的芽苞,我突然想到这是花苞儿而不是芽苞儿。果然,那包裹着花苗的胞衣在那天夜里自然破裂了,蹦出一束花蕾来。我更加警惕地监视绿蜘蛛的出现,绝不能让它危害第一茬花朵。花儿绽开了,是在夜里。早晨我推开大门时就瞅见绿叶之间点缀的那几束白花,心都微微悸颤了。

绿蜘蛛果然出现了,而且又多出了一种灰褐色的蜘蛛。比起绿蜘蛛来,这种灰褐色的蜘蛛就显得太平常太土老帽了,它与普通的蜘蛛似乎无大的差异,只是个儿很小;普通的常见的蜘蛛凭自己天才的织网本领捕捉昆虫以为生存手段,而这种灰褐色的蜘蛛却和那种绿蜘蛛一样,以吸吮梨树汁液来养肥壮大自身,它吐出的丝不是为织网而是作为潜逃保命的护身宝器,本质的差异就在这里,人类的我们判定它们为益虫或害虫的分界也在这里,绿蜘蛛褐蜘蛛的生存和发展是以残害梨树为生存条件的,而且是一种无可改变的生性本能。

在我严密的监视下,七束梨花完成了授粉而终于凋谢了,花心里托出一枚小小的豆粒大小的青色小梨。我竟然一时不敢相信,这小不点儿日后果真能长成一只拳头大的黄灿灿的梨子?在我的疑惑尚未解除的时候,突然发现,那些小青果的果梗全部被咬伤而干死了。我搞不清是绿蜘蛛咬的,还是褐蜘蛛咬的,反正是咬了,却又没把那梗咬断,依然支撑着,可能是那梗把儿比嫩芽坚硬吧?它把梗咬破吮咂了汁液就达到目的了。我一枚一枚揪下已经干死的豆粒大的小梨,心头涌出的不单是愤怒,还有对自己过失的内疚。反省之后的重大举措就是动用化学武器。我向邻居借来喷洒农药的器械,10CC灭虫剂就把四棵梨树喷洒得药水嘀嗒,蜘蛛们无论绿的还是褐色的全都毙命——树大叶密了,凭眼睛瞅瞄凭手抓脚踩已经是费力而难以收效的笨事了。

终于又等到梨开花!

靠近北边围墙的那一棵长得最健壮的梨树,花儿开得好繁,头一次开花就如此繁盛却是出乎预料。金色的蜜蜂在花朵上嗡嗡缭着绕着亲吻着,在白色的花瓣上起落蠕扭,我居然嫉妒起那小精灵如此亲近我的梨花仙子的举动了。我在放下笔点燃烟以后,便走出房间在这棵梨树下站一站,又转到那一棵梨树下站一站,尽管这棵只开了一束五朵花,也值得看,然后又走出大门站在第二次开花的这棵梨树旁边,她也是满树雪片一样的白花。悠悠的花香沁人心脾,嗡嗡的蜂声柔声蜜语,我忽然从心头飘出一句悠扬的歌:每当梨花开遍了原野……

我时刻也不敢忘记那绿的褐的蜘蛛。我按捺着不敢动用化学武器,唯恐杀伤采花酿蜜同时也替我的梨树完成授粉的蜜蜂。待到花色呈现衰败花心已现出麦粒大小的梨子的时候,我便又动用了化学武器。而且根据去年积累的经验,二十天喷洒一次,不等前次喷洒的药力消失,这一次又喷上树叶了。这一年,狡猾而阴毒的绿蜘蛛褐蜘蛛都没有构成大的危害。我胜利了。

这一年难以忘记,就在梨花开放的前一周,我把那部长篇小说的手稿交给了北京来的高、洪两位先生。交给他们的时候,我心里涌到唇边一句话:我连生命一起交给你们了。考虑这话会对他们构成心理压迫,我终于忍住不说。

我真正进入一种闲适的轻松状态,像负重远行走到尽头卸下了负载,而这负载又是精神的。我在小院里铺就一方砖地,垒起一个小小的石桌,砖地上可以放置一把竹编躺椅和一只竹编矮凳。天气渐渐热起来,我早晨喜欢躺在竹躺椅上喝茶,晚上更喜欢躺在这里独斟独饮"西凤"。太阳从东边移向西边,月亮也随其后从东边的塬顶沉入西边的塬坡,灞河里涨起的湿润的水汽则不管阴阳转换一直滋润人的肺腑。我躺在竹椅上,看着那从花瓣里分离出来的小梨渐渐膨胀,栗子大了,核桃大了,鸡蛋大了,又渐渐呈现出大头细尾的形状了。这么小小的一棵树上,居然长成了近五十个梨子,果梗终于承受不住不断长大的梨子的重负而变弯了,梨子便一个个头颅下垂吊在树上。乡邻们发现了我的梨树上的奇观,接二连三来参观,纷纷感叹"咱们这地方还是可以种梨树的嘛!"

梨子的颜色由深绿渐渐褪色为浅绿,而终于透出淡黄来,我知道它成熟了,怎么也舍不得把它摘下来,破坏了这一方风景。我总是想,如若摘去了梨,我躺在竹椅上看到的将会是怎样空落的梨树?每当村里有乡邻来看稀罕,我就只摘下一两个,用刀切了让大伙品尝,都说是酥脆水大甜香……直到剩下的梨子成熟过度而自己往下掉时,我才把它们摘了。我的那位送来梨树苗的朋友教导我说,梨子熟了就要摘,摘了好让梨树歇息下来,要不就会影响明年收成,我大为惊讶。

这年冬天我进城住了,小院的大门便永久性地锁上了,连同我的家园和我的梨树。我一去便陷入了一种无序的忙乱之中,常常几个月不能回乡下的家。到我夏天终于抽暇回家打开大门时,天哪,擀杖粗的蒿子被风吹倒匍匐在院子里,过道也被堵得走不过去。最悲哀的是梨树,不要说挂果了,芽芽叶叶被咬断得七零八落,真个是疮痍满身,可见绿蜘蛛褐蜘蛛以怎样的疯狂和得意对我进行了报复。

今年初春,我依然搅缠在纷纷纭纭的杂事之中而不能脱身,看到城市街树绿了,便想着家园里的梨树也该绿了,花苞也该开绽了,何时再能得到早晨起来看见袅袅娜娜的白衣仙女的惊喜?遂成一阕拙词:《阳关引·梨花》——

　　春风撩拨久,梨花一夜开。露珠如银,纤尘绝。晨光里,看团团凝脂,恰冰清玉澈。四年矣,终究等到清明节。

便手舞足蹈,歌一阕,自信千古,有耕耘,就收获。依旧谢浮华,还过愚人节。花无言,魂系沃土香益烈。

1994年12月9日于西安

绿　风
——《我的树》之三

大约是十年前的那个夏天的末尾,即我下决心从都市返归故居的那一年,据说是关中几十年不遇的一个湿夏。这一年的麦子被连绵不断的淫雨浸泡得在麦穗上又发出绿芽来,稀泡泥泞的麦田里,农人无法挥动镰刀收割已经熟透已经发霉已经出芽的麦子。阴雨持续到夏末,满川已是一片绿色的苞谷、谷子和棉花,阴雨还在持续着,往常的百日大旱变成了百日阴雨,农家用石头和土坯垒筑的猪舍和茅厕十有八九都倒塌了,猪们便满村满地乱跑乱拱……

那天晚上交过子夜睡得最酣的时刻,一声天崩地裂似的响声震得我从被窝里蹦起来,坐在炕上足足昏厥了五分钟。天塌了?地震了?我是否还活着?当我肯定并没有发生这样的灾难的时候,也就判断出来后院里可能有小的灾变发生。我打着手电筒出了后门,后坡上滑坡了,幸亏滑塌的泥浆土方不大,否则我早已在酣睡中被泥浆葬埋了——我祖居的房根距后坡充其量不过十米。

我吓得再也无法入睡,坐等到天明一看,才真正地惊恐了。绿草和树木全部倾覆在后院里,和泥浆石头搅缠在一起。坡上竟是一片白花花的沙石鹅卵石堆积起来的沙坡。我从有智能的年岁起,就记得这后坡上长满了迎春花,每年春天便率先把一片金黄的花色呈现给世界也呈现给父亲。父亲年年都要说一句:迎春花开了!然而父亲也说不清是我们家族的哪一位祖宗栽植的,反正整个后坡上都覆盖着迎春花的厚茸茸的枝条,花丛中长着一些不能成材的枸树榆树和酸枣棵子。现在完了,整个都完了,什么树什么花什么草全都滑塌下来,和泥浆沙砾搅缠堆积在坡根下捂死了。陡坡上也不知被掩盖了几千年乃至几万年的沙砾重新裸露出来,某种史前的原生原始的气韵瞬间使我感觉到一种莫名的畏怯。我联想到被剥掉了衣服刮光了皮肉的一架骷髅,这骷髅确凿又是我们祖先我们家族里男人的骷髅……一种从家族墓穴里透出的幽冷之气直透我的骨髓。

我在那一刻便想到了覆盖,似乎不单是覆盖那一片史前的沙砾,而是把家族的早已腐蚀净尽血肉的骷髅覆盖起来。我要栽树,植草,然而须得等到秋后。

树叶落光白露成霜的秋末冬初是植树的好时节。我到山坡上挖了十余株野生的洋槐树,很随意地栽下了。所以随意,是我深知洋槐树生存能力特别强,一般树难存活的贫瘠干旱的石山河滩都能繁衍它的族类。然而我也不能太随意,在那很陡峭的沙坡上挖下坑,再给坑里回填上肥沃的一筐黄土,以便它能扎根。我相信,在这一堆黄土里扎下根来,它就可能再把它的根一寸一寸一尺一尺地伸向砂层。

当这一批指头粗细的小洋槐绽出绿叶的时候,我又忍不住浮想联翩。一束一束鲜嫩的绿枝绿叶婷婷于沙坡上,一种最悠远的古老和新近的现实联结起来了,骷髅和新生的血脉勾连起来了,生命的苍老和生命的鲜嫩融合起来了……无法推演无法判断家族悠远的历史,是一个从哪儿来的什么样的人在这里落脚或者可能是落草?最先是在山坡上挖洞藏身还是在河滩上搭置茅草棚?活着的最老的一位老汉只记得这个家族出过一位私塾先生,"字写得跟印出来的一样"。这位先生可能是近代以来家族中最伟大的一位,因为后人只记着他和他的字并引以为骄傲……整个家族的历史和记忆全部湮没了,只有一位先生和他写的一手好毛笔字的印象留传,家族没有湮没的竟然只是一个会写字的先生。

洋槐很快就显出了差异,栽在坡根下有黄土的一株独占优势水肥,越往高处的树苗就逐渐生长缓滞了,尤其是最顶头的那一株,在抽出最初的几片叶子之后便停止生长了。直到随之而来的伏旱,我终于惊讶地发现它的叶子蔫了。我想如果再旱下去,不过三五天它就会残废,便提了半桶水爬上坡顶,那次水倒下去像倒入一个坑洞,然而那叶子就在眼皮下重新支棱起来了……这株长在最高处也是沙层最厚的地方的洋槐苗子，终究无法蓬勃起来。几年过去，最下边的那棵已经粗到可以做椽子了，而它却仍然只有指头粗细。那里没有水，它完全处于饥渴之中。在濒临旱死的危亡时刻，我才浇给它半桶水，而且每次都要累出我一身汗。然而它毕竟活下来了。

活下来就是胜利。它和其他十余棵洋槐苗子并无任何差异，在我从山野把它们挖出来移栽到我家后坡上的时候，它们自身仍然没有任何差异，只是我移栽的生存条件发生了巨大的差别，它们的命运才有了天壤之别。最下边的坡根下完全植根于肥沃土壤的那一株自然很欢实，我也最省事，从来也没给它浇过一滴水。而最上边的那一棵生存最艰难，我甚至感伤无意或者说随意选中它植于这块缺水缺肥几乎没有生存条件的地方真是亏待了它，把它给毁了，它未来也应该有长成一棵大树的生存权利的。然而它也给我以启迪，使我理解到一种生命的不甘灭亡的伟大的顽强。

这个启示是前年初夏又加深了的。那些洋槐已经成为一片林子，它们的各种形态的树冠在空中互相交接，形成一个巨大的绿盖，把那史前沉沙严密地覆盖起来，那沉沙上也逐年落积了一层或薄或厚的黄土，各种耐旱的野草已形成植被，只有少许几坨地方像秃疤裸露。五月初，我的后坡上便爆出一片白雪似的槐花，一串串垂吊着，蜜蜂从早到晚都嗡嗡嘤嘤如同节日庆典。那悠悠的清香随着微微的山风灌进我的旧宅和新屋，灌进大门和窗户，弥漫在枕头床被和书架书桌纸笔以及书卷里。我不想说沉醉。我发觉这种美好的洋槐花的香气可以改变人的心境,使人从一种烦躁进入平和,从一种浮躁进入沉静,从一种黑暗进入光明,从一种龌龊进入洁净,从一种小肚鸡肠的醋意妒气引发的不平衡而进入一种绿野绿山清流的和谐和微笑……尤其是我每每想到这槐香是我栽植培育出来的。

最上边的那一棵没有开花。我根本没有对它寄托花的期望,它能保住生命就很不容易了,它保存生命所付出的艰辛比所有花串儿繁密的同族都要多许多。前年春天我回家去,我惊喜地发现它的朝着东边的那根枝条上缀着两朵白花,两朵距离很大而不能串结成串儿的花。我的心不由得微微悸动了,为了这两朵小小的洋槐花而悸颤不止。它终于完成了作为一种洋槐树的生命的全过程,扎根,绿叶,青枝和开花,一种生命体验的全过程,而且对生存的艰难生存的痛苦的体验最为深刻。我俯身低头亲吻了这两朵小花,香气不逊于任何别的一树。

每有风起,这片洋槐组成的小森林便欢腾起来,绿色的树冠在空中舞摆,使我总是和那海波海涛联系起来。是的,绿色的波涛汹涌回旋千姿百态风情万种,发出低吟响起长啸以至呐喊,都使我陷入一种温馨一种激励一种亢奋。每有骤雨声和整个村庄的树木群族不可分割地融会在一起。每当风和日丽,我在写作疲惫时便走出后院爬上后坡,手抚着那已经粗糙起来的树干倚靠一会儿,或者背靠大树坐在石头上抽一支烟,便有一种置身森林的气息。旱薄荷依然有薄荷的清香，腐烂的落叶有一股腐霉的气味。我的小森林所形成的绿色的风，给我以生理和心理的调节；而这种调节却是最初的目的里所没有的。

1995年元旦于西安

第二辑

告别白鸽

老舅到家里来，话题总是离不开退休后的生活内容，谈到他还可以干翻扎麦地这种最重的农活儿，很自豪的神情；养着一只大奶羊，早晨起来挤下羊奶煮熟和孙子喝了，孙子去上学，他则牵着羊到坡地里去放牧，挺诱人的一种惬意的神色；说他还养着一群鸽子，到山坡上放羊时或每月进城领取退休金时，顺路都要放飞自己的鸽子。我禁不住问："有白色的没有？纯白的？"

老舅当即明白了我的话意，不无遗憾地说："有倒是有……只有一对。"随之又转换成愉悦的口吻："白鸽马上就要下蛋了，到时候我把小白鸽给你捉来，就不怕它飞跑了。"老舅大约看出我的失望，继续解释说："那一对老白鸽你养不住，咱们两家原上原下几里路，它一放开就飞回老窝里去了。"

我就等待着，并不焦急，从产卵到孵化再到幼鸽独立生存，差不多得两个月，急是没有用的。我那时正在远离城市的乡下故园里住着读书写作，大约七八年了，对那种纯粹的乡村情调和质朴到近乎平庸的生活，早已生出寂寞，尤其是陷入那部长篇小说的写作以来的三年。这三年里我似乎在穿越一条漫长的历史隧道，仍然看不到出口处的亮光，一种劳动过程之中尤其是每一次劳动中止之后的寂寞围裹着我，常常难以诉述难以排解。我想到能有一对白色的鸽子，心里便生出一缕温情一方圣洁。

出乎我意料的是，一周没过，舅舅又来了，而且捉来了一对白鸽。面对我的欣喜和惊讶之情，老舅说："我回去后想了，干脆让白鸽把蛋下到你这里，在你这里孵出小鸽，它就认你这儿为家咧。再说嘛，你一年到头闷在屋里看书呀写字呀，容易烦。我想到这一层就赶紧给你捉来了。"我看着老舅的那双洞达豁朗的眼睛，心不由怦然颤动起来。

我把那对白鸽接到手里时，发现老舅早已扎住了白鸽的几根羽毛，这样被细线捆扎的鸽子只能在房屋附近飞上飞下，而不会飞高飞远。老舅特别叮嘱说，一旦发现雌鸽产下蛋来，就立即解开它翅膀上被捆扎的羽毛，此时无须担心鸽子飞回老窝去，它离不开它的蛋。至于饲养技术，老舅不屑地说："只要每天早晨给它撒一把苞谷粒儿……"

我在祖居的已经完全破败的老屋的后墙上的土坯缝隙里，砸进了两根木棍子，架上一只硬质包装纸箱，纸箱的右下角剪开一个四方小洞，就把这对白鸽放进去了。这幢已无人居住的破落的老屋似乎从此获得了生气，我总是抑制不住对后墙上的那一对活泼泼的白鸽的关切之情，没遍没数儿地跑到后院里，轻轻地撒上一把玉米粒儿。起始,两只白鸽大约听到玉米粒落地时特异的声响,挤在纸箱四方洞口探头探脑,像是在辨别我投撒食物的举动是真诚的爱意抑或是诱饵?我于是走开,以便它们可以放心进食。

终于出现奇迹。那天早晨,一个美丽的乡村的早晨,我刚刚走出后门扬起右手的一瞬间,扑啦啦一声响,一只白鸽落在我的手臂上,迫不及待地抢夺手心里的玉米粒儿。接着又是扑啦啦一声响,另一只白鸽飞落到我的肩头,旋即又跳弹到手臂上,挤着抢着啄食我手心里的玉米粒儿。四只爪子掐进我的皮肉,有一种痒痒的刺疼。然而听着玉米粒从鸽子喉咙滚落下去的撞击的声响,竟然不忍心抖掉鸽子,似乎是一种早就期盼着的信赖终于到来。

又是一个堪称美丽的早晨,飞落到我手臂上啄食玉米的鸽子仅有一只,我随之发现,另外一只静静地卧在纸箱里产卵了。新生命即将诞生的欣喜和某种神秘感,立时就在我的心头漫溢开来。遵照老舅的经验之说,我当即剪除了捆扎鸽子羽毛的绳索,白鸽自由了,那只雌鸽继续钻进纸箱去孵蛋,而那只雄鸽,扑啦啦扑向天空去了。

终于听到了破壳出卵的幼鸽的细嫩的叫声。我站在后院里,先是发现了两只破碎的蛋壳,随之就听到从纸箱里传下来的细嫩的新生命的啼叫声。那声音细弱而又嫩气,如同初生婴儿无意识的本能的啼叫,又是那样令人动心动情。我几乎同时发现,两只白鸽轮番飞进飞出,每一只鸽子的每一次归巢,都使纸箱里欢闹起来,可以推想,父亲或母亲为它们捕捉回来了美味佳肴。

我便在写作的间隙里来到后院,写得拗手时到后院抽一支烟,那哺食的温情和欢乐的声浪会使人的心绪归于清澈和平静,然后重新回到摊着书稿的桌前;写得太顺时我也有意强迫自己停下笔来,到后院里抽一支雪茄,瞅着飞来又飞去的两只忙碌的白鸽,聆听那纸箱里日渐一日愈加喧腾的争夺食物的欢闹,于是我的情绪由亢奋渐渐归于冷静和清醒,自觉调整到最佳写作心态。

这一天,我再也按捺不住神秘的纸箱里小生命的诱惑,端来了木梯,自然是趁着两只白鸽外出采食的间隙。哦!那是两只多么丑陋的小鸽,硕大的脑袋光溜溜的,又长又粗的喙尤其难看,眼睛刚刚睁开,两只肉翅同样光秃秃的,它俩紧紧依偎在一起,静静地等待母亲或父亲归来哺食。我第一次看到了初生形态的鸽子,那丑陋的形态反而使我更急切地期盼蜕变和成长。

我便增加了对白鸽喂食的次数,由每天早晨的一次到早、午、晚三次。我想到白鸽每天从早到晚外出捕捉虫子,不仅活动量大大增加,自身的消耗也自然大大增加,而且把采来的最好的吃食都喂给幼鸽了。

说来挺怪的,我按自己每天三餐的时间给鸽子撒上三次玉米粒,然后坐在书桌前与我正在交缠着的作品里的人物对话,心里竟有一种尤为沉静的感觉,白鸽哺育幼鸽的动人的情景,有形无形地渗透到我对作品人物的气性的把握和描述着的文字之中。

又是一个美丽的早晨,我在往地上撒下一把玉米粒的时候,两只白鸽先后飞下来,它们显然都瘦了,毛色也有点灰脏有点邋遢。

我无意间往墙上的纸箱一瞅,两只幼鸽挤在四方洞口,以惊异稚气的眼睛瞅着正在地上啄食的父亲和母亲。那是怎样漂亮的两只幼鸽哟,雪白的羽毛,让人联想到刚刚挤出的牛乳。幼鸽终于长成了,所有可能发生的意外或不测的担心顿然化解了。

那是一个下午,我准备到河边上去散步,临走之前给白鸽撒一把玉米粒,算是晚餐。我打开后门,眼前一亮,后院的土围墙的墙头上,落栖着四只白色的鸽子,竟然给我一种白花花一大堆的错觉。两只老白鸽看见我就飞过来了,落在我的肩头,跳到手臂上抢啄玉米。我把玉米撒到地上,抖掉老白鸽,好专注欣赏墙头上那两只幼鸽。

两只幼鸽在墙头上转来转去,瞅瞅我又瞅瞅在地上啄食的老白鸽,胆怯的眼光如此显明,我不禁笑了。从脑袋到尾巴,一色纯白,没有一根杂毛,牛乳似的柔嫩的白色,像是天宫降临的仙女。是的,那种对世界对自然对人类的陌生和新奇而表现出的胆怯和羞涩,使人顿时生出诸多的联想:刚刚绽开的荷花,含珠带露的梨花,养在深山人未识的俏妹子……最美好最纯净最圣洁的比喻仍然不过是比喻,仍然不及幼鸽自身的本真之美。这种美如此生动,直教我心灵震颤,甚至畏怯。是的,人可以直面威胁,可以蔑视阴谋,可以踩过肮脏的泥泞,可以对叽叽咕咕保持沉默,可以对丑恶闭上眼睛,然而在面对美的精灵时却是一种怯弱。

小白鸽和老白鸽在那幢破烂失修的房脊上亭亭玉立。这幢由家族的创业者修盖的房屋,经历了多少代人的更替而终于墙颓瓦朽了,四只白色的鸽子给这幢风烛残年的老房子平添了生机和灵气,以至幻化出家族兴旺时期的遥远的生气。

夕阳绚烂的光线投射过来,老白鸽和幼白鸽的羽毛红光闪耀。

我扬起双手,拍出很响的掌声,激发它们飞翔。两只老白鸽先后起飞。小白鸽飞起来又落下去,似乎对自己能否翱翔蓝天缺乏自信,也许是第一次飞翔的胆怯。两只老白鸽就绕着房子飞过来旋过去,无疑是在鼓励它们的儿女勇敢地起飞。果然,两只小白鸽起飞了,翅膀扇打出啪啪啪的声响,跟着它们的父母彻底离开了屋脊,转眼就看不见了。

我走出屋院站在街道上,树木笼罩的村巷依然遮挡视线,我就走向村庄背靠的原坡,树木和房舍都在我眼底了。我的白鸽正从东边飞翔过来,沐浴着晚霞的橘红。沿着河水流动的方向,翼下是蜿蜒着的河流,如烟如带的杨柳,正在吐絮扬花的麦田。四只白鸽突然折转方向,向北飞去,那儿是骊山的南麓,那座不算太高的山以风景和温泉名扬历史和当今,烽火戏诸侯和捉蒋兵谏的故事就发生在我的对面。两代白鸽掠过气象万千的那一道道山岭,又折回来了,掠过河川,从我的头顶飞过,直飞上白鹿原顶更为开阔的天空。原坡是绿的,梯田和荒沟有麦子和青草覆盖,这是我的家园一年四季中最迷人最令我陶醉的季节,而今又有我养的四只白鸽在山原河川上空飞翔,这一刻,世界对我来说就是白鸽。

这一夜我失眠了,脑海里总是有两只白色的精灵在飞翔,早晨也就起来晚了。我猛然发现,屋脊上只有一双幼鸽。老白鸽呢?

我不由得瞅瞄天空,不见踪迹,便想到它们大约是捕虫采食去了。直到乡村的早饭已过,仍然不见白鸽回归,我的心里竟然是惶惶不安。这当儿,舅父走进门来了。

"白鸽回老家了,天刚明时。"

我大为惊讶。昨天傍晚,老白鸽领着儿女初试翅膀飞上蓝天,今日一早就飞回舅舅家去了。这就是说,在它们来到我家产卵孵蛋哺育幼鸽的整整两个多月里,始终也没有忘记老家故巢,或者说整个两个多月孵化哺育幼鸽的行为本身就是为了回归。我被这生灵深深地感动了,也放心了。我舒了一口气:"噢哟!回去了好。我还担心被鹰鹞抓去了呢!"

留下来的这两只白鸽的籍贯和出生地与我完全一致,我的家园也是它们的家园;它们更亲昵地甚至是随意地落到我的肩头和手臂,不单是为着抢啄玉米粒儿;我扬手发出手势,它们便心领神会从屋脊上起飞,在村庄、河川和原坡的上空,做出种种酣畅淋漓的飞行姿态,山岭、河川、村舍和古原似乎都舞蹈起来了。然而在我,却一次又一次地抑制不住发出吟诵:这才是属于我的白鸽!而那一对老白鸽嘛……毕竟是属于老舅的。我也因此有了一点点体验,你只能拥有你亲自培育的那一部分……

当我行走在历史烟云之中的一个又一个早晨和黄昏,当我陷入某种无端的无聊无端的孤独的时候,眼前忽然会掠过我的白鸽的倩影,淤积着历史尘埃的胸脯里便透进一股活风。

直到惨烈的那一瞬,至今依然感到手中的这支笔都在颤抖。

那是秋天的一个夕阳灿烂的傍晚,河川和原坡被果实累累的玉米棉花谷子和各种豆类覆盖着,人们也被即将到来的丰盈的收获鼓舞着,村巷和田野里泛溢着愉快喜悦的声浪。我的白鸽从河川上空飞过来,在接近西边邻村的村树时,转过一个大弯儿,就贴着古原的北坡绕向东来。两只白鸽先后停止了扇动着的翅膀,做出一种平行滑动的姿态,恰如两张洁白的纸页飘悠在蓝天上。正当我忘情于最轻松最舒悦的欣赏之中,一只黑色的幽灵从原坡的哪个角落里斜冲过来,直扑白鸽。白鸽惊慌失措地启动翅膀重新疾飞,然而晚了,那只飞在头前的白鸽被黑色幽灵俘掠而去。我眼睁睁地瞅着头顶天空所骤然爆发的这一场弱肉强食、侵略者和被屠杀者的搏杀……只觉眼前一片黑暗。当我再次眺望天空,唯见两根白色的羽毛飘然而落,我在坡地草丛中捡起,羽毛的根子上带着血痕,有一缕血腥气味。

侵略者是鹞子,这是家乡人的称谓,一种形体不大却十分凶残暴戾的鸟。

老屋屋脊上现在只有一只形单影孤的白鸽。它有时原地转圈,发出急切的连续不断的咕咕的叫声;有时飞起来又落下去,刚落下去又飞起来,似乎惊恐又似乎是焦躁不安;我无论怎样抛撒玉米粒儿,它都不屑一顾更不像往昔那样落到我肩上来。它是那只雌鸽,被鹞子残杀的那只是雄鸽。它们是兄妹也是夫妻,它的悲伤和孤清就是双重的了。

过了好多日子,白鸽终于跳落到我的肩头,我的心头竟然一热,立即想到它终于接受了那惨烈的一幕,也接受了痛苦的现实而终于平静了。我把它握在手里,光滑洁白的羽毛使人产生一种神圣的崇拜。然而正是这一刻,我决定把它送给邻家一位同样喜欢鸽子的贤,他养着一大群杂色信鸽,却没有白鸽。让我的白鸽和他那一群鸽子合帮结伙,可能更有利生存;再者,我实在不忍心看见它在屋脊上的那种孤单。

它还比较快地与那一群杂色鸽子合群了。

我看见一群灰鸽子在村庄上空飞翔,一眼就能辨出那只雪白的鸽子,欣慰我的举措的成功。

贤有一天告诉我,那只白鸽产卵了。

贤过了好多天又告诉我,孵出了两只白底黑斑的幼鸽。

我出了一趟远门回来,贤告诉我,那只白鸽丢失了。我立即想到它可能又被鹞子抓去了。贤提出来把那对杂交的白底黑斑的鸽子送我。我谢绝了。

又过了一些日子,失掉我的两只白鸽的情感波澜已经平静,老屋也早已复归平静,对我已不再具任何新奇和诱惑。我在写作的间隙里,到前院浇花除草,后院都不再去了。这一天,我在书桌前继续文字的行程,窗外传来了咕咕咕的鸽子的叫声,便摔下笔,直奔后院。在那根久置未用的木头上,卧着一只白鸽。是我的白鸽。

我走过去,它一动不动。我捉起它来,它的一条腿受伤了,是用细绳子勒伤了的。残留的那段细绳深深地陷进肿胀的流着脓血的腿杆里,我的心里抽搐起来。我找到剪刀剪断了绳子,发觉那条腿实际已经勒断了,只有一缕尚未腐烂的皮连接着。它的羽毛变成灰黄,头上粘着污黑的垢甲,腹部黏结着干涸的鸽粪,翅膀上黑一坨灰一坨,整个儿污脏得难以让人握在手心了。

我自然想到,这只丢失归来的白鸽是被什么人捉去了,不是遭了鹞子?它被人用绳子拴着,给自家的孩子当玩物?或者连他以及什么人都可以摸摸玩玩的?白鸽弄得这样脏兮兮的,不知有多少脏手抚弄过它,却根本不管不顾被细绳勒断了的腿。我在那一刻突然想到,它还不如它的丈夫被鹞子扑杀的结局。

我在太阳下为它洗澡,把由脏手弄到它羽毛上的脏洗濯干净,又给它的腿伤敷了消炎药膏,盼它伤愈,盼它重新发出羽毛的白色。然而它死了,在第二天早晨,在它出生的后墙上的那只纸箱里……

1996 年 8 月 16 日于西安

五十开始

一

孙康宜教授到西安来,走出机场见着面时开口就感慨:哦!我去年给你说想到西安来,现在真的就来了!这种感慨随后在从机场开往西安的汽车上又重复说了两次,那神情是连她自己都有点不可置信的惊喜。孙教授是美国耶鲁大学东亚文学系主任,去年四月我在美国东部海岸城市波士顿结识她的。她确凿说过很想到西安来看看,我自然知道她这样的人想到西安来看什么。现在她真的来了,而且驱车行驶在暮色苍茫的咸阳古塬上了,我也有某种难以信真的惊讶,甚而至于生出"地球真小"那种中国的地球公民们的伟人意识式的慨叹了。

汽车在气度恢宏地韵沉雄的咸阳塬上疾驰,连片的果林和墨绿的禾苗背后,掩映着一个个或大或小或远或近却一律苍老衰败着的皇家墓冢,久远的辉煌和昔日的威仪,终究被历史的风雨剥蚀得精光，只剩下一堆堆荒草盘结的黄土圪垯。孙康宜教授从窗外收回眼光，突然问我：你不再把五十看作是一个危机的年龄了吧？我不觉一愣，想不到她还记着这个话题，随之也就释然：去年基本达成共识了嘛！她依然很直率又很认真地说：不知你回来以后有无反复？

这是一个有趣的话题。

去年四月在美国时，孙教授和北美华人作家协会联手在哈佛大学办了一次文学讲座，包括她和我在内共有四人演讲，每人一小时，我被排在头一个。我讲完规定的一个钟点，从讲台上走下来直接走出讲演大厅，站在校园的草坪上抽烟。美国的公众场合和绝大多数家庭都不许抽烟，想过过烟瘾就得走出户外。

我刚点烟吸了两口，有一位留学生从讲演厅溜出来走到我跟前，自我介绍之后就提出他想和我单独聊聊。我说我出来仅仅是想抽口烟，很快就要回讲演厅去，还想听听他们三人的讲演内容，想聊得另约时间。他就笑着告诉我："孙教授正批判你哪。她上台开讲头一句就批。"我以为他开玩笑，并不在意。他更认真地说："真的批哪！批你刚才讲的五十危机的观点。"这时又有几位男女留学生相继从讲演厅里溜出来，和我在草坪上交谈，也都通报我挨批的消息。抽完一支烟，我便走回讲演大厅，免得更多的人溜出来影响这个讲座。

讲演全部结束，走在绿茵茵的校园里，孙康宜严肃地对我说："我刚才批判你一个观点了。"我说我已经知道了。她故做惊讶：

"我批你时你不在场呀,怎么会知道?"随之又释然了,"噢噢！有人给你告密了,这么快。"我也开玩笑说:"听说美国人喜欢告密,谁家父母在家里打骂小孩,邻居知道了就要拨电话报警。这些中国留学生受美国人的影响了。"玩笑归玩笑,孙康宜接着认真地问:"你怎么会有五十危机的感觉呢？我简直不可理解。我过五十岁时,整个感觉是我要重新开始了,我觉得过了五十才获得了完全的自由,可以做我想做的事了。"

她告诉我,她从台湾念书念到美国,博士帽戴上了教授也当上了,直到五十岁时,得到了耶鲁大学东亚文学系主任这样一个职位,这个奋斗历程谁都可以想见其中的艰难。正是在五十岁这个重要的年轮上,她有了一种全新的心理感觉,她不仅可以不再为生计忙迫了,而且可以不受别人的支配只按照自己的生存理想来支配自己了;孩子长大了,不再是家庭负累,而是可以获得情感交流和探讨社会的益助了;更重要的是知识的积累已形成了见解的独立,标志着一种成熟,自信能够发出只属于自己感知的声音了,所以在跨越五十年龄大关时,她说她的整个心理感觉是从未有过之好,整个是一种要有大作为的重新开始的良好心态……所以对我的五十危机论就"无法理解无法容忍不能不批"。

这是完全合理的,因此也完全可以理解的心态,尽管我并未询问她所经历的奋斗的全过程或者最关键的细节,却是以为任何成功者都必然兼备的先天的智慧和后天的艰苦卓绝的努力。谁都可以想到,在美国数一数二的耶鲁大学的东亚文学系的主任一职,不仅不可能靠裙带靠后门靠巴结谋权,稍微一点的平庸都是难以指望的。

然而,我的五十危机的谬论又是怎么一回事呢？我想说,我的那种心理感觉也是真实的。

二

五十危机的心理感受产生于四十五岁即一九八七年,亦即我刚刚完成了长篇小说《白鹿原》的基本构思即将开笔起草的时候。按照当时的总体把握,我觉得大约需要三年时间才能完成它的创作,如果预计的这个规划实施顺利,如果这三年中间不发生写作本身以外的各种意外灾变,那么到完成书稿也就挂上五十的虚龄了,而这两个"如果"的可靠性在我感觉里连百分之五十都勉强。

想到此后将一年一年耗过去直熬到五十,心里便有点恐惧。

在我的习惯性意识里,五十是一个很大的年龄区标,是进入老年的生命区段的标志,面对一个五十多岁的老人,我就想到这是一位做了爷爷或奶奶的老汉老婆了。这不单是乡下人的习惯性年龄区段的划分标尺,似乎一些国家(中国除外)的共产党领袖公开祝贺生日就是从五十岁开始的,那么也在一定意义上可以看出作为生命的老年区段是有国际公例的。我自然就回顾起迷恋文学的坎坷,少小年纪在作文本上写下头一篇小说似乎只是昨天的故事,然而眨眼就要进入老年行列了;至今尚未写出一部起码让自己满意的作品,怎么就晃过了人生最富于创造活力的青壮年时期,而"一不留神"就会变成老头子了。正是早在此前一年的一九八六年春天,为了进一步了解关中的历史演变,我查阅了《蓝田县志》又赶赴长安县城,住在一家旅馆里继续翻阅厚可盈尺的《长安县志》,朋友李下叔晚上来陪我闲聊,以解除那些糟烂的古本浸淫到我肌骨里的幽微阴腐的气息,记得那晚喝了酒,酒酣言畅之际,他很真诚地说,按你的生活功底,写部长篇还下这么大的功夫,有这个必要吗?我也坦诚相告,下这个笨功夫不是心血来潮,而是已经萌生了的那部长篇小说必须要做的功夫,我想了解我生活着感受着的这一块北方平原的昨天,或者说历史,因为我只能依赖着这些古本县志感知这块土地的昨天究竟发生过什么,我辈以前的父辈爷辈老老老爷辈们以怎样的形态生活着,近代以来剧烈的社会革命历程中,他们的心理秩序经历过怎样的被打乱被粉碎和怎样的重新安排的历程……谈到动情时,便有自信和自卑胶着着的悲凉,少小年纪迷恋文学,几十年过去了,发了为数不少的中、短篇小说,奖也获了多次,但从真实的文学意义上来审视便心虚,因为连一部自己满意的作品还没有。我说,兄弟,想想已经晃过四十四了,万一身体发生不可救治的灾变,死时真的连一本给自己做枕头的书都没有。这是很真实的当时的心态,因为迷恋文学而不能移情的悲哀,从这一点上说来,是完全的内向内指的生存兴趣的悲哀,也是完全的个人生命意义的自私的悲哀。正是在这种纯粹的个人兴趣的自我指向的悲哀中,激起了为自己做一本真的要告别世界也告别生命兴趣时可以做枕头的书的自信。

直到完成《白》书以后,我又有了属于自己的创作之外的人生体验,人不可以完全自卑,亦不可以完全自信;处于无法摆脱的自卑状态,是根本不可能进行任何创造性劳动的,这是极易被接受的普通的道理;而一个人(尤其是进行创造性劳动的人)如果永远处于自信状态而从来不发生自卑的心理,这个人的创造智慧将不仅得不到最好的发挥,反而会受到损害,道理也很简单,没有一定的自卑就不会有自省,更不会有刻骨铭心的自我批判,因而就很难找准自己新的创造目标和新的创造的起点。自卑未必不好,只是不要一味地自卑;自信是所有创造理想的前提性心理准备,然而自信也必须是经由反省之后重新树立的新的蜕变之后的自信。

当我在自卑的深谷进行几乎是残酷的自我反省再到自信的重新铸成,《白》的构思已经完成。更切近的对五十岁的感觉的危机,似乎还不在五十以后算不算老头老汉,而在于能否安全抵达五十。三年是一个不短的时间,春夏秋冬寒来暑往萌芽落叶的自然景象交替三次,所可设想的意外事件都可以不予计较,不予理会,包括生计都可以咬牙承受而不吱不声,唯一畏怯的是万一身体发生某种无计祈祷的灾变怎么办?不单是那时的新闻媒体连续报导了几位中年知识分子英年早逝的消息给我造成的心理阴影。平心想来,人的生命里的神秘莫测的灾变的发生只是个常识性的存在,不单是中年知识分子英年夭亡者众,工人农民职员等各种职业的中年人死亡的数字,只是无人认真统计罢了。而五十岁上下属于危险年龄区段,据说是国际医学界的"最新研究成果",被各类报刊的生活版反复转抄,无论真假都会造成一种心理影响。

我的固执和我的愚蠢既使我受害匪浅,也使我得益匪浅,受害多了也就没有了——道来的兴致,得益就得在可以做到不会发生听见风声便是雨的轻信。然而,危机的心理却是确确实实由此时产生了。我毕竟经历过几十年的创作,几十年的中国当代文学的风雨;也经历过几十年的社会风雨,几十年的属于自己的经验和体验,生活的体验和生命的体验,都警示着某种意外的可能性。这种可能性不管对我,对从事任何职业有着任何兴趣和追求的每一个生命都潜存着,仅仅只是有幸与不幸的莫可猜测臆断的事情。每个人都在企盼幸运永驻同时也逃避不幸,然而不幸每日每时都降临到那些熟识的或陌生者的头上。我的危机甚至恐惧心态的产生,便是对那些业已发生的不幸的畏怯,因为我还没有做成不幸突然发生到我身上时能够安慰自己的枕头。

当新的一年的艳丽的太阳把阴坡上的积雪悄悄融化的时候,对生理不幸的畏怯心理完全被汹涌着的创造欲望彻底扫荡了。把那种只属于自己的独特体验倾泻出来展示出来,自信那种生命的和艺术的深沉而又鲜活的体验只属于自己,强烈的创造的欲望既使人心潮澎湃,又使人沉心静气。当我在草拟本上写下第一行字的时候,整个心理感觉已经进入我的父辈爷辈老老爷辈生活过的这座古塬的沉重的历史烟云之中了。这是一九八八年四月一日。

三

北方乡村的冬夜寒冷而又漫长。然而在我即将跨上五十岁的这一年的冬天,最深刻的记忆却是孤清。这是一九九一年的深冬。

我已经在这间小屋里的小圆桌上爬行了四年。冬天里一只火炉夏天里一盆凉水,《白鹿原》上三代人的生的欢乐和死的悲凉都进入最后的归宿。我这四年里穿行过古塬半个多世纪的历史的烟云,终于要回到现实的我了。掀开新的一页稿纸,便有一种"倒计时"的怦然。然而当每天的黑夜降临时,心里的孤清简直不可承受。

我的祖居的家园在一个不足百户人家的村子里。老祖宗选择这块南倚白鹿原北临灞河的风水宝地生息繁衍,在以纺车和石磨为生存的基本手段的农业社会是极富于眼光的选择。有坡地有河川水田,只要灞河不发生断流,河川里就不愁绝收,灞河水是滋润先辈血液的从未枯竭的乳汁。这里虽然距西安城区不足一小时的汽车里程,然而却是天然的偏僻,在兵荒马乱的年月倒是得天独厚少了一些骚扰(绝无桃源之境)。然而先祖们缺乏料知几百年后的子孙的生活前景,却因这个偏僻造成进步的滞缓和生活的诸多障碍。每一家的后院都紧紧贴着白鹿原的北坡,横亘百余华里的高耸而又陡峭的塬坡遮挡了电视信号,我兴冲冲买来的电视机无论换上怎样灵敏的接收天线都无济于事,只能当作收音机收听每日的"新闻联播"……

即使在冰封大地万木萧瑟的冬天,只要不是漫天飞雪,农民们便不闲着,他们把鸡窝牛棚猪圈羊栏里的粪便挖出来,捣碎了再用独轮小车推到麦地或棉田里去,或者为小麦冬灌,或者为葡萄园松土翻地,或者挑着菜园里的冬菜去赶集,或者为已经成年的儿女选择配偶。忙是忙着,却是一种冬天里的自然的悠闲缓慢的做派,天黑吃罢夜饭就早早歇下了。整个村庄便沉寂下来,偶尔的几声狗吠之后愈加死寂。我在小桌的稿纸上折腾了一天,写作顺畅的欢悦和思绪不顺的忧烦都无法排解;又读不进去任何书,越是临近这部书稿的结束,越是不想读什么书了,也许我有生以来阅读兴趣最低落的一个冬天。我似乎无法忍受那种挥斥不开的孤清。

我便在无边的孤清中走出屋院,走出沉寂的村庄走向塬坡。清冷的月光把柔媚洒遍沟坡,被风雨剥蚀冲刷形成的奇形怪状的沟壑峁梁的丑陋被月光抹平了。我漫无目的地走着,走到一条陡坡下,枯死风干的茅草诱发起我的童趣。我点燃了茅草,由起初的两三点火苗哧溜溜溜向周围蔓延,眨眼就卷起半人高的火焰,迅疾地朝坡上席卷过去,同时又朝着东西两边蔓延;火势骤然腾空而起,翻跃着好高的烈焰;时而骤然降跌下来,柔弱的火苗舔着地皮艰难地流窜,我知道,那是坡地上枯草的薄厚制约着火焰的升跌;遇到茅草尤其厚实的地段,火焰竟然呼啸起来,夹杂着噼噼啪啪的爆响……我在这时候便忘记了一切,周身的血液也涌流起来,舞蹈着的火苗像万千猕猴万千精灵,孤清和寂寞顿然被野火驱逐净了,心里洋溢着畅美和恬静。

我坐在坡地上,点燃一支烟。

书稿就要写完了,最初的对于不幸的畏怯早已烟散了。不是最初设想的三年而是整整四年,因为纯粹的客观的因素而停止了两个冬天的写作,而秋天和冬天恰恰是我写作最适宜的习惯性时月,整个写作计划就拖迟了一年,我的耐性经受了锻炼。

这个时候,文坛上正在热烈地讨论文人要不要"下海"的新鲜话题。

我的眼前,可以辨识这儿那儿的一堆堆老墓和新坟。这个小小的村庄里的一代一代的男女死亡以后,他们的子孙邀集族人和乡党在山坡上挖掘墓坑,再把装殓到棺材的尸体抬上山坡埋进黄土,他们生前日夜煎熬着的事,由他们的儿子和孙子继续熬煎;他们平生累断筋骨力争着的生活理想,也只好交由儿子和孙子继续去力争;坡地上无以数计的老墓新坟里的那些到死也没有争取到生活理想的男女无法得知,他们的一代二代乃至八代子孙依然过着和他们一样的光景,甚至还保不住他们在世时的那两亩田地和两间旧房,时光在这不变的坡上和河川停滞了多久多久……

野火烧到了那面陡坡的坡顶,茅草断绝了,火焰也断断续续熄灭了。我又走下一道坡沟,掏出火柴,这条统直的大沟再次腾起野火的壮观景致。

我在沟底坐下来,重新点燃一支烟。火焰照亮了沟坡上孤零零的一株榆树,夜栖在树杈里的什么鸟儿惊慌失措地拍响着翅膀飞逃了。山风把呛人的烟团卷过来,混合着黄蒿、薄荷和野艾燃烧的气味,苦涩中又透出清香。我又一次沉醉在这北方冬夜的山野里了,纷繁的世界和纷繁的文坛似乎远不可及,得意与失意,激昂与颓废,新旗与旧帜,真知与荒谬,谋算与投机,红脸与白脸,似乎都是另一个世界的属于昨天的故事而沉寂为化石了。

十年以前的这样的冬天,我有幸作为专业作家调入省作家协会搞专业创作。我办完了包括户籍和粮油供应等所有关系,同时也就决定回归老家;我得到了专业创作的机缘,整个心理感觉就是进入生存理想的最佳境地最可心的状态了;这个机缘于我的全部含义只有一点,往后的时间可以由我自由支配了。

我几乎同时决定回归家园,仅仅只是自我判断后的抉择。我的自我判断又基于比较清醒的自省,没有机会接受文学的专业训练,自修所得的文学知识带有很大的实用性和不可避免的残缺性,需要认真读书以弥补先天性不足,需要广泛阅读开阔艺术视野;我在乡村基层工作了整整二十年,我所经历的社会生活和我自己的精神历程,需要冶炼也需要梳理,再也不能容忍自己描摹生活的泡沫而把那些青春和血汗换来的生活积累糟践了。没有拯救作家的上帝,也没有点化灵感的仙人,作家只能依赖自己对生活对生命对艺术的独特而又独立的体验去创作,吵吵嚷嚷自我标榜结伙哄炒都无济于事,非文学因素不可能给文学帮任何忙,文学的事情只能依靠文学本身去完成。出于对文学的如此理解和对自己的弱项的解剖,便决定回到故园老家去,寻一方耳根清净之地去读书去练笔。

在祖居的老屋老老实实住下来，连自己也觉得不可思议。自小学五年级开始上寄宿学校到后来参加工作再到这次回归，整整三十年里，只有礼拜天和寒暑假在这个村子度过，三十年后窝居老屋，重新呼吸左邻右舍的弥漫到我的屋院的柴烟，出门便是世居的族人和乡邻的熟识的面孔，听他们抱怨天旱了雨涝了太失公道的什么狗屁事啦……又是十年！到这一年的最后一个月份过去即将跨上一九九二年的元旦，我正好在这地理上的白鹿原北坡下的祖屋里生活了十年，小说由短篇写到中篇再写长篇，费时四年的书稿即将完成的怦然又发生了。哦！上帝，我终于把握住了属于自己的十年也拯救了自己的灵魂，迈进五十岁了。

四

孙康宜教授对我说的五十危机的理解显然有点误差。

尽管这样，反倒是这误差给了我一种启迪，关于五十的习惯性认识，老年年轮对人心理的某种威压，毕竟廓清了。我首当想到的是索尔兹伯里这位美国老头，八十岁时走完了中国工农红军长征之路，而且完成了《长征——前所未闻的故事》一书。这个壮举和这种创造活力，也应该是一个"前所未闻的故事"。八十岁的索氏敏捷的思维，理智而又深刻的论述，捕捉红军壮士个性细节的准确，对复杂的历史事件恰当而入微的剖析，令我感叹不已。应该说,这是我读到的写"长征"的最优秀的一部书,曾经忍俊不禁发出惊叹,闻名于世的"长征",怎么让一位美国作家写成了,而且是一位八十高龄的老头。面对索氏,五十算是青年。于是,我对孙教授说:"五十开始好。我来写一篇文章,就用这句话作篇名。"孙教授说:"写出来一定寄我看看。"

在西安的几天时间里,孙康宜走东线看了秦始皇兵马俑、兵谏亭和杨贵妃的浴池,顺路在半坡参观了仰韶文化遗址;去西线参观法门寺、武则天陵和汉武帝陵园,又在杨贵妃的墓冢前久久伫立。抽空又在西安的大街小巷转悠了感受了。我没有作陪,司机给我说,这个孙教授是他所送往参观的客人中最用心最费时的一位,不停地问着记着。在半坡遗址的村落里,在杨贵妃硕大无朋的浴池旁和她被缢死的马嵬坡,在另一个女人——中国唯一一位女皇高耸的陵墓前,孙教授感受到什么,无须揣测,任何人的任何感受都是合理的独自的。我只是觉得她早出晚归不知疲惫的劲头,整个就注释着她的五十开始的宣言。

最后一个参观景点是黄帝陵,我作陪。汽车驰过渭河,在渐次增高的缓坡上前进。从渭河平原到渭北高原过渡的层次一目了然,一方地域独有的气韵总是给人以独特的历史文化和现实格调的强烈感受,平原上的偌大的村落和高原区一排排窑洞,繁衍着延续着一个民族。从那平原上的村庄和高原上的窑洞里,曾经走出过一个又一个杰出的后生,有的甚至走进他们当时的封建政权的中枢,影响过当时的政局和时局。他们的最杰出的贡献和最生动的轶闻,依然在那些树木掩映泥泞遍地的村巷里流传,成为整个村庄整个县域内的子孙的骄傲,他们的精神和气性也就历经千年百年而依然流贯在乡民之中。我给孙康宜教授介绍说,历史上凡是有能力进入当时政权中心的关中人,祸国殃民的奸佞之徒几乎数不出来,一个个都是坚辞硬嘴不折不摧的丈夫,这块土地滋养壮汉。孙教授说,试举一例。我说,太史公。若举二例,便有牛先生,他是《白》书里朱先生的生活原型。

……

直到最近一次打电话来,孙康宜教授说她还想来西安,上次来时太匆促,短短几天的感受,反倒引发起更为强烈更为直接的欲望……末了竟然还追问:"五十开始"的文章写出来了吗?

1997年1月

喇叭裤与"本本"

准确无误地记得是一九八〇年的春夏之交,我在古长安的东大门——历来为墨客骚人折柳送别的古老名镇——灞桥居住着。某一日,小镇上突然冒出来几个穿一种奇异的裤子的年轻人,引起小镇上各个阶层的人们的惊诧与喧哗。

那是一种谁也没见过的奇形怪状的裤子,膝盖以上的裤管和裤裆以及裤腰都特别窄,紧紧包裹着大腿、屁股蛋儿和小腹,穿着这种裤子的男女青年,或粗浑或纤细的大腿原形毕现,或肥或瘦的两半屁股也如形凸现,或丰或瘪的小腹更有一种风情无限的诱惑。从膝盖往下直到脚面,那裤管逐渐加宽放大,恰如一支杆细口大的喇叭。此裤一上小镇,便不约而同被命名为喇叭裤,形象恰当而又朗朗上口。

最早穿着这种喇叭裤的几个男女青年,走过小镇上果皮、菜叶和马粪拉撒的街道,人们无不驻足凝眸,像欣赏马戏团丑角一样兴味十足。随之就给他们取下一个"业余华侨"的共用绰号,意思是指只有久居海外的华侨才会穿这种花里胡哨奇形怪状的服装,然而他们不过是小镇附近某家工厂的青年工人,所以赐给一个温柔的讥讽,不是正宗华侨而只能算做"业余"。然而那几位青年男女却不管不顾,照直走过小镇被灰黑蓝的中山装一统天下的街道,手里拎一台正在播放着歌曲的录放机,那乐曲的旋律与歌唱者的软柔柔的调儿也令人听来有一种异样的感觉。再稍后,这些穿着喇叭裤拎着录放机招摇过镇的年轻人,女的喜欢把一头长发整个披散在肩上和背上,不束不辫;男的头发也蓄留得长长的,掩过脖颈盖过衣领直抵肩膀。不仅这种裤子前所未有,这样长的头发和发式也是几十年所未曾出现过的。小镇上有头有脸的人物以及推车挑担卖菜卖浆者都用关中最通用最简洁的一句话表示鄙夷与不屑:看看那几个货!

我现在必须坦白我当初面对喇叭裤和长头发的真实感觉。

我第一眼看见被喇叭裤绷得紧紧的大腿和屁股时,惊诧之后也撂出几句调侃的话来,在这种新潮裤式和发式向一统中国人单一的中山装和单一的发式三十年发动挑战的时候,我习惯性地产生了排斥情感。然而在种种如我的排斥情感所形成的讥讽调侃鄙夷的声浪中,我突然在某一瞬间反应出鲁迅先生《风波》小说里剪辫子的历史性细节来,惊讶自己是否陷入了护辫子的遗老遗少的那一类。在习惯性情感和历史性细节的参照物之间我难以摆顺,其实我当时还不足四十岁,从生理上划界亦应属于青年。

这种习惯性的情感排斥与理性的接受所造成的心理秩序的紊

乱,从那时开始一直延续到现在都时有发生。尤其是比喇叭裤长头发的争论要严峻得多的诸如"分田到户""市场经济"等,我的这种矛盾、紊乱以至痛苦的心理历程一直在延续着。

一九八二年春天,我随下乡工作团到渭河岸边的乡村里去落实农业生产责任制的新政策,怀里揣着中共中央一号文件。我们开社员大会宣讲文件,开干部会开党员会开团员会有层次有步骤地发动群众,尽快地做出土地如何合理地分配到农户手中的方案,牲畜和公用水利设施、农业机械的分配和使用方法。我在对乡村基层干部和社员宣讲中央政策精神时全神贯注不打折扣,甚至时时都要正面回答诸如"辛辛苦苦二十年,一夜回到解放前"这种普遍性的误解。然而就真实的内心而言,我与他们不仅有些相通之处,而且似乎有更深层的忧虑。我在努力地说服他们的同时也在说服我自己。我在区、乡两级政府工作了整整二十年,其中在当时的公社工作了十年,十年里干的就是"学大寨",说的就是阶级斗争和走共同富裕的阳光人道,批判和防范的就是"自发的资本主义"。除去极左的政治观念和政策规定,回到五十年代中期合作化的最初的生活理想和思想理论上,我对分田分地和拉牛回家的做法一时难以诠释给自己,我按捺着自己的某些思想的心理的障碍和矛盾,用中央文件的精神去说服那些老党员"老土改""老合作(化)",只有自己才知道那个别扭。

某一晚,在一个村子开完社员大会已是深夜子时,我骑着自行车返回驻地。行驶在乡村土路上,稻田莲池里的蛙声浑然似一张铺天盖地的网。我突然想到《创业史》里头某些难忘的情节来,惊诧得几乎从自行车上翻跌到路旁的麦田里。我在干什么?我不是与我几十年崇拜又崇敬着的柳青搞别扭吗?我现在在渭河边所努力做着的一切,不是正好破坏着他当年在长安滴水两岸的蛤蟆滩里呕心沥血的神圣的农业社吗?五十年代中期的县、乡干部,成年累月活动在乡村里,按照中央关于合作化的指示帮助农民建立农业生产合作社,土地入社,牲畜合槽。柳青更是从此入住长安农村,参与了农业合作化运动的全过程,创造出曾经使我大段大段背诵过的长篇小说《创业史》。柳青为数不少的散文、特写更真实生动地叙述着他在农业社诞生过程中的思索和情感色彩,皇甫村和蛤蟆滩至今流传着柳青帮助农业社解决种种问题,甚至包括总结饲养牲畜的经验这样一类动人心魄催人泪下的故事……我几乎无法回避这样严峻的现实,即柳青当年在长安所要努力建树的理想的生活模式,我现在同样是夜以继日地要把它破坏、摧毁,越快越彻底越好,柳青说服农民把土地和牲畜交给集体去经营去饲养,我现在却要动员农民把土地划归个体经营,把牛马通过抓阄的办法拉回家里去饲养;我现在所做的一切与柳青当年所做的正好互为一个反动,互为一个轮回。由生活发展本身遭遇给我的情感矛盾和复杂的心理感受,显然不是属于我个人的私人情感,而带有历史性变迁的悲壮与叹惋:我所面对的现实与历史的思索,显然就不能再循着柳青原先的思路了。这是生活赐予我的新的机遇,正好遇上在中国社会的这样一个重大转折性的关口;我比柳青多了一份痛苦和复杂,更多了一份幸运。

在最后确立市场经济的几年大讨论和试验的过程中,我又一次经历如同落实责任制如同看见喇叭裤长头发的心理历程。回想从关于"真理标准"讨论到今天的近二十年的思想历程,我给自己归纳为这样一个公式:扯断——陷入——再扯断——再陷入,及至期待新的扯断的痛快。新的生活命题出现的时候,我总是首先陷入对原来的观念的习惯性依赖,然后就有一个痛苦的剥离过程,然后才有力气把那个习惯性依赖的旧的观念扯断。这每一次的陷入和扯断的过程,实际是由社会观念的变化而引起的心理的旧秩序的紊乱,然后经历了一番剥离,一番弃旧和更新,心理又形成一种新的秩序。《风波》里的辫子问题如是,几十年后的喇叭裤长头发、"责任田""市场经济"亦如是。如是的不断发生,中国进步了,中国发展步伐大大加快了,中国各民族人民进步了文明了。我也进步了。

又过去了好几年,我终于可以系统地完整地阅读邓小平新时期以来的讲话和文章的文本了。以往,他的许多重要讲话是以内部文件下达到有限定的范围内的,更多的是他的某些最精辟的讲话的关键词以各种渠道流布于民间,甚至带有某些神秘色彩。无论部分的抑或是完整的《邓选》,我其实就只读出了一个精髓思想,那就叫实事求是,它的反义词应该是"本本主义"。

按着实事求是的科学态度,解放以后的几乎所有的"运动"都被否定了,所有被"运动"出来的倒霉蛋儿们重新获得了一个公民的权利。我往往感慨的是,一旦违反了实事求是,我们还以为陷入的荒唐的灾难是神圣的。一旦恢复了实事求是的精神,我们即使捶胸顿足也无法挽回业已铸成的无法丈量的损失了。邓小平有一段没有任何修饰的又简洁的论述:"实事求是是马克思主义的精髓。要提倡这个,不要提倡本本。我们改革开放的成功,不是靠本本,而是靠实践,靠实事求是。"实事求是是认识世界从而正确地推进生活发展的唯一途径,而造成违反实事求是精神的根源便是本本,因为不是面对社会和生活的实际,而是背对生活实际,唯本本是从。

就我有限的记忆,实事求是是毛泽东在延安提出来的一个著名的口号,而《反对本本主义》则仍然是毛泽东的一部总结极左路线造成红军致命性的损失的历史性教科书。然而不幸的是,提出实事求是口号的毛泽东晚年违反了实事求是的科学态度,陷入了自己曾经深恶痛绝的"本本主义",直把个"阶级斗争"的"本本"排演出诸如"反右""反右倾""文化大革命"的悲剧。反倒是邓小平在遭难的时候清醒地认识了那个"本本"的谬误,并以一个巨人的气魄摒弃了那个造成国家和人民灾难连绵的"本本",真正地恢复了毛泽东提倡的实事求是的科学内蕴,从而救活了中国。认识真理多艰难啊!

《风波》里关于辫子引起的风波,是那个时代的中国人依照封建的"本本"所形成的心理秩序被打乱而引发的;喇叭裤和长头发在灞桥古镇引起的风波,是如我一样的古镇的人们原有的"灰黑蓝"中山装这样的"本本"所形成的心理审美定势被扰乱了；责任田、市场经济所引发的不同反响同样是原有的"本本"所形成的……剥离腐朽的"本本"，打破旧"本本"所形成的思维定势，冲乱僵化的心理秩序，让新鲜血液涌流，让思维张开最具活力的翅膀……需要学习新的知识，从更新知识结构起首。

1998 年 9 月 18 日于雍村

家之脉

女儿和女婿在墙壁上贴着几张识字图画,不满三岁的小外孙按图索文,给我表演:白菜、茄子、汽车、火车、解放军、农民……

一九五〇年春节过后的一天晚上,在那盏祖传的清油灯下,父亲把一支毛笔和一沓黄色仿纸交到我手里:你明日早起去上学。我拔掉竹筒笔帽儿,是一撮黑里透黄的动物毛做成的笔头。父亲又说:你跟你哥合用一只砚台。

我的三个孩子的上学日,是我们家的庆典日。在我看来,孩子走进学校的第一步,认识的第一个字,用铅笔写成的汉字第一画,才是孩子生命中光明的开启。他们从这一刻开始告别黑暗,走向智慧人类的途程。

我们家木楼上有一只破旧的大木箱,乱扔着一堆书。我看着那些发黄的纸页和一行行栗子大的字问父亲,是你读过的书吗?父亲说是他读过的,随之加重语气解释说,那是你爷爷用毛笔抄写的。我大为惊讶,原以为是石印的,毛笔字怎么会写到和我的课本上的字一样规矩呢?父亲说,你爷爷是先生,当先生先得写好字,字是人的门脸。在我之前已谢世的爷爷会写一手好字,我最初的崇拜产生了。

父亲的毛笔字显然比不得爷爷,然而父亲会写字。大年三十的后晌,村人夹着一卷红纸走进院来,父亲磨墨、裁纸,为乡亲写好一副副新春对联,摊在明厅里的地上晾干。我瞅着那些大字不识一个的村人围观父亲舞笔弄墨的情景,隐隐感到了一种难以言说的自豪。

多年以后,我从城市躲回祖居的老屋,在准备和写作《白鹿原》的六年时间里,每到春节的前一天后晌,为村人继续写迎春对联。每当造房上大梁或办婚丧大事,村人就来找我写对联。这当儿我就想起父亲写春联的情景,也想到爷爷手抄给父亲的那一厚册课本。

我的儿女都读过大学,学历比我高了,更比我的父亲和爷爷高了(他们都没有任何文凭,我仅只有高中毕业)。然而儿女唯一不及父辈和爷辈的便是写字,他们一律提不起毛笔来。村人们再不会夹着红纸走进我家屋院了。

礼拜五晚上一场大雪,足足下了一尺厚。第二天上课心里都在发慌,怎么回家去背馍呢?五十余里路程,步行,我十三岁。最后一节课上完,我走出教室门时就愣住了,父亲披一身一头的雪迎着我走过来,肩头扛着一口袋馍馍,笑吟吟地说:我给你把干粮送来了,这个星期你不要回家了,你走不动,雪太厚了……

二女儿因为误读俄语,补习只好赶到高陵县一所开设俄语班的中学去。每到周日下午,我用自行车带着女儿走七八里土路赶到汽车站,一同乘公共汽车到西安东郊的纺织城,再换乘通高陵县的公共汽车,看着女儿坐好位子随车而去,我再原路返回蒋村——正在写作《白》书的祖屋。我没有劳累的感觉,反而感觉到了时代的进步和生活的幸福,比我父亲冒雪步行五十里为我送干粮方便得多了。

我不止一次劝告女儿和女婿,别太着急了,孩子三岁还不到,你教他认什么字嘛!他现在就应该吃饭、玩耍甚至捣蛋,才符合天性。女儿和女婿便说现在人对孩子智商如何如何开发,及至胎儿。我便把我赌上去:你爸爸八岁才上学识字,现在不光写小说当作家,写毛笔字偶尔还赚点润笔费哩!

父亲是一位地道的农民,比村子里的农民多了会写字会打算盘的本事,在下雨天不能下地劳作的空闲里,躺在祖屋的炕上读古典小说和秦腔戏本。他注重孩子念书学文化,他卖粮卖树卖柴,供给我和哥哥读中学,至今依然在家乡传为佳话。

我供给三个孩子上学的过程虽然也颇不轻松,然而比父亲当年的艰难却相去甚远。从私塾先生爷爷到我的孙儿这五代人中,父亲是最艰难的。他已经没有了私塾先生爷爷的地位和经济,而且作为一个农民也失去了对土地和牲畜的创造权利,而且心强气盛地要拼死供给两个儿子读书。他的耐劳他的勤俭他的耿直和左邻右舍的村人并无多大差别,他的文化意识才是我们家里最可称道的东西,却绝非书香门第之类。

这才是我们家几代人传承不断的脉。

1999 年 8 月

麦 饭
——关中民间食谱之一

按照当今已经注意营养分析的人们的观点,麦饭是属于真正的绿色食物。

我自小就有幸享用这种绿色食物。不过不是具备科学的超前消费的意识,恰恰是贫穷导致的以野菜代粮食的饱腹本能。

早春里,山坡背阴处的积雪尚未退尽消去,向阳坡地上的苜蓿已经从地皮上努出嫩芽来。我掐苜蓿,常和同龄的男女孩子结伙,从山坡上的这一块苜蓿地奔到另一块苜蓿地,这是幼年记忆里最愉快的劳动。

苜蓿芽儿用水淘了,拌上面粉,揉、搅、搓、抖均匀,摊在木屉上,放在锅里蒸熟。出锅后,用熟油拌了,便用碗盛着,整碗整碗地吃,拌着一碗玉米糁子熬煮的稀饭,可以省下一个两个馍来。母亲似乎从我有记忆能力时就擅长麦饭技艺。她做得从容不迫,干、湿、软、硬总是恰到好处。我最关心的是,拌到苜蓿里的面粉是麦子面儿还是玉米面儿。麦子面儿俗称白面儿,拌就的麦饭软绵可口,玉米面拌成的麦饭就相去甚远了。母亲往往会说,白面断顿了,得用玉米面儿拌;你甭不高兴,我会多浇点熟油。我从解知人言便开始习惯粗茶淡饭,从来不敢也不会有奢望寄予;从来不会要吃什么或想吃什么,而是习惯于母亲做什么就吃什么,没有道理也没有解释,贫穷造就的吃食的贫乏和单调是不容选择或挑剔的,也不宽容娇气和任性。

麦子面拌就的头茬苜蓿蒸成的麦饭,再拌进熟油,那种绵长的香味的记忆是无法泯灭的。

按照家乡的风俗禁忌,清明是掐摘苜蓿的终结之日。清明之前,任何人家种植的苜蓿,尽可以由人去掐去摘,主人均是一种宽容和大度。清明一过,便不能再去任何人家的苜蓿地采掐了,苜蓿要作为饲草生长了。

苜蓿之后,我们便盼着槐花。山坡和场边的槐花放白的时候,我便用早已备齐的木钩挑着竹笼去采捋槐花了。

槐花开放的时候,村巷屋院都是香气充溢着。

槐花蒸成的麦饭,另有一番香味,似乎比苜蓿麦饭更可口。这个季节往往很短暂,家家男女端到街巷里来的饭碗里,多是槐花麦饭。

按照今天已经开始青睐绿色食品的先行者们的现代营养意识,我便可以耍一把阿Q式的骄傲,我们祖宗比你阔多了,他们早早都以苜蓿槐花为食了。

麦 饭

到了难忘的六十年代,被史称"三年困难"的六十年代初,家乡的原坡和河川里一切不含毒汁的野菜和野草,包括某些树叶,统统都被大人小孩挖、掐、拔、摘、捋回家去,拌以少许面粉或麸皮,蒸了,食了,已经无油可拌。这样的麦饭已成为主食,成为填充肚腹的坐庄食物。男人女人老人小孩都别无选择,漂亮的脸蛋儿和丑陋的黑脸也无法挑剔,都只能赖此物充饥,延续生命。老人脸黄了肿了,年轻人也黄了肿了,小孩子黄了肿了,漂亮的脸蛋儿黄了肿了时尤为令人叹惋。看来,这种纯粹以绿色野菜野草为食物的实践,却显示出残酷的结果,提醒今天那些以绿色食物为时尚为时髦的先生太太们切勿矫枉过正,以免损害贵体。

近日和朋友到西安大雁塔下的一家陕北风味饭馆就餐,一道"洋芋叉叉"的菜令人费解。吃了一口便尝出味来,便大胆探问,可是洋芋麦饭?延安籍的女老板笑答,对。关中叫麦饭,陕北叫洋芋叉叉。把洋芋擦成丝,拌以上等白面,蒸熟,拌油,仍然沿袭民间如我母亲一样的农家主妇的操作规程。陕北盛产洋芋,用洋芋做成麦饭,原也是以菜代粮,变换一种花样,和关中的麦饭无本质差别。不过,现在由服务生用瓷盘端到餐桌上来的洋芋叉叉或者说洋芋麦饭,却是一道菜,一种商品,一种卖价不低的绿色食品,城里人乐于掏腰包并赞赏不绝的超前保健食品了。

家乡的原野上,苜蓿种植已经大大减少。已经稀罕的苜蓿地,不容许任何人涉足动手掐采。传统的乡俗已经断止。主人一茬接着一茬掐采下苜蓿芽来,用袋装了,用车载了,送到城里的蔬菜市场,卖一把好钱。乡俗断止了,日子好过了,这是现代生活法则。

母亲的苜蓿麦饭槐花麦饭已经成为遥远而又温馨的记忆。

2001 年 7 月

搅 团
——关中民间食谱之二

家乡灞河川道自古盛产苞谷。由苞谷面儿做的搅团便应运生,历久不衰,绵延至今。

把新磨下的苞谷面儿,在滚开的铁锅里抛撒,一边撒着,一边用木勺搅动。顺时针搅一阵子,再逆时针搅一阵子。苞谷面儿要一把一把均匀地撒下去,不匀则容易结成搅不开的干面疙瘩。灶锅底下的火不能灭断,灶下大火烧着,锅里撒着搅着,紧张而又热烈,一般均需夫妻二人同时搭手默契配合,才能打出一锅好搅团。搅团这种饭食的操作过程,常常可以看到农家夫妻的温情和爱意。夫妻间闹了气儿,男方或女方企图结束冷战状态,便会提议打搅团。在灶下和锅台上近在咫尺的夫妻紧密配合中,搅团打成了,夫妻关系也重修旧好了。

这种搅团,说白了,不过是一锅糨糊。

然而,绝对区别于一般的糨糊。

一锅用苞谷面打成的糨糊。

一般的糨糊,必须用麦子面打成才黏。苞谷面黏力不足,即使农家主妇双手抱着木柄大勺搅动,那搅团只增加筋道却不甚黏糊。所以,地道的搅团必以苞谷面为原料。麦子面打出的反而真成了糨糊。

苞谷面搅团千家万户的锅里打出来的大同小异,区别在于臊子。最简单的是用好醋好酱调汤,伴以葱花蒜泥佐味,有香油滴入自然更好。复杂一点的是用臊子浇汤。用荠菜做汤浇到搅团碗里,野味鲜味俱佳。最复杂的臊子,在关中东府如同臊子面的臊子做法一样,肉丁红白萝卜丁黄花木耳等烩成臊子,浇到搅团之上,那是超常享受了。以上均为热搅团。

搅团凉吃亦很别致。用勺舀到可以下漏的竹篮里,轻压轻挤,搅团便像一条条小鱼或更像蝌蚪一样漏进盛水的盆里。再捞出来,调进酸辣调味品,口感好极了,怀娃娃的孕妇尤好此食。再把搅团晾在案板上,摊平,冷却后切成小块,调了油盐酱醋,作为喝稀饭的佐菜。一边是热烫的苞谷糁子稀饭,一边是冰凉可口的搅团,男女皆好此一热一冷的刺激。还有烩搅团,不再赘述。

无论热吃凉吃烩了吃,谁都明白,只是把苞谷这种粗粮变一个花样以图好进口罢了。

少年和青年时期,粗粮为主,苞谷坐庄。苞谷稀饭苞谷馍馍,一天三顿均为黄颜色的苞谷做成的饭食,民间戏谑:早上苞谷吃,响午苞谷喝,晚上苞谷把皮脱。搅团便是把难吃的苞谷面儿变一种饭食花样。农村孩子,没有谁能逃躲苞谷饭食的,自然也逃躲不了搅团。

搅团又被乡人戏称"哄上坡"。说它耐不得饥,易消化。肚子吃得膨胀,干活去走到坡上就又饿了。我曾经发过誓,如果能有福分不吃搅团,我将永远不再想它。

当我和乡民都以白面为主食的日子到来时,过了几年,却想吃搅团了,真是不曾料到。随着年岁递增,对这种曾经厌腻透了的饭食更多一层回味与依恋。

到渭南市,作家李康美约我到他家吃饭,我首选搅团。李夫人买来新磨的苞谷面儿,味道真是好极了。

到咸阳市,作家文兰约我吃饭,我仍然首推搅团。文兰又约来作家叶广芩,说她已早有约求,待有搅团吃时一定相告。叶广芩为清室皇家血统,想品尝关中民间饭食,自然除了新鲜,还有体验民情之美意。不料,我等吃得满头大汗口香腹胀仍不想丢碗筷,叶广芩却一脸茫然,感叹:我就一种感觉——猫吃糯子嘛!

陕西作家协会院内有一家搅团专业户,便是文学评论家李星。平均每周至少打一次搅团,从春吃到夏,吃到秋再吃到冬,全以时令蔬菜做汤伴着。我等想吃搅团,便先告知一声,多撒一把苞谷面儿。或是在楼下闻到搅团锅底烧着了的香味,便直接上楼去讨一碗吃。人说,李星写了大半辈子文学评论,打了半辈子搅团。

　　搅团而今也被开发被提升到大小饭店的食谱上,卖得一把好价,真是大出我半生之意料,惊疑今天富裕了的人疯了。

2001 年 8 月

三九的雨

这是我村与邻村之间一片不大的空旷的台地。只有一畛地宽的平台南头开始起坡,就是白鹿原北坡根的基础了。平台往北下一道浅浅的坡塄,就是灞河河滩了。我脚下踏着的平台上的这条沙石大路,穿过一个个大大小小的村庄,通往西安。

天明时雨止歇了。天阴沉着,云并不浓厚,淡灰的颜色,估计一时半刻挤拧不出雨水来。空气很清新,湿润润的,山坡上的麦子绿莹莹的,河川里的麦子也是莹莹的绿色。原坡上沟坎里枯干的荒草被雨浇成了褐黑色,却有一种湿润的柔软。河川北岸是骊山的南麓,清晰可辨一株树一道坡一条沟,直至山岭重叠的极处。四野宁静到令人耳朵自生出纤细的音响来。

前日落了雨。小雨。通常是开春三月才有的那种"随风潜入夜,润物细无声"的春雨。腊月初二(二〇〇二年一月十四日)下起,断断续续稀稀拉拉下到今天天明,让整个村子里的男女惊诧不已,该当滴水成冰冻破砖头的"三九"时月,居然是小雨缠绵。太过反常的天气给农人心里一种不祥的妖孽征候。这是我半生里仅见的一次"三九"的雨,以及不仅不冻反而松软如酥的土地。

我脚下这条颇为宽绰的沙石大路是一九七七年冬天动工拓宽的。与这条大路同时开工的是灞河河堤水利工程,由我任副总指挥具体实施的。那时,我完成这项家乡的水利工程的心态,与我后来写作长篇小说《白鹿原》时的心境基本类同,就是尽力做成一件事。

我第一次背着馍口袋从这条路走出村子走进西安的中学时,这条路大约也就一步宽,架子车是无法通行的。我背着一周的干粮走出村子时的心情是雀跃而又高涨的,然而也是完全模糊的。我只是想念书,想上城里的中学去念书,念书干什么等抱负之类的事,完全没有。我再三追寻记忆,充其量只会有当个工人之类的宏愿,而且这主要是父母供儿女上学的原始动机。在乡村人的眼睛里,挣工资吃商品粮的工人是世界上最幸福的人。我在初中二年级却喜欢文学了,这不仅大大出乎父母的意料,连我自己也感到奇怪。通常情况下,爱好文学是被视为浪漫而又富于诗意的事情,怎么会发生在一个穿粗布衣服吃开水泡馍的人身上呢?许多年后我把自己的这种现象归结为一根对文字敏感的神经——文学的兴趣由此而发端。书香门第以及会讲故事会唱歌谣的奶奶们的熏陶,只能对具备文字敏感的神经的儿孙起反应起作用,反之讲了也是白讲唱了也是白唱。

背着馍口袋出村夹着空口袋回村,在这条小路上走了十二年,我完成了高中学业。我记忆中最深的是十六岁那年遇到过狼。天微明时,我已走出村子五华里的一条深沟的顶头,做伴壮胆的父亲突然叫了一声"狼!"就在身旁不过二十步远的齐摆着谷穗的地边上,有一只狼。稍远一点,还有一只。我没有感觉到丝毫的害怕,尽管是我第一次看见这种吓人的动物;不是我胆大,而是身旁跟着父亲。我第一次感受父亲的力量和父亲的含义,就是面对两只成年狼的时候,竟然没有产生恐惧。我成了一个父亲的时候,又在这条几经拓宽的乡村公路上接送我的三个念书的孩子。我比父亲优裕的是有了一辆自行车,孩子后来也有了,比当年父亲步行送我要快捷多了。我和孩子再也没有遭遇狼的惊险故事。狼已经成为大家怀念的珍稀宝贝了。

我的一生其实都粘连在这条已经宽敞起来的沙石路上。我在专业创作之前的二十年基层农村工作里,没有离开这条路;我在取得专业创作条件之后的第一个决断,索性重新回到这条路起头的村子——我的老家。我窝在这里的本能的心理需求,就是想认真实现自己少年时代就发生的作家之梦。从一九八二年冬天得到专业写作的最佳生存状态到一九九三年春天写完《白》书,我在祖居的原下的老屋里写作和读书,整整十年。这应该是我最沉静最自在的十年。

我现在又回到原下祖居的老屋了。老屋是一种心理蕴藏。新房子在老房子原来的基础上盖成的,也是一种心理因素吧。这个祖居的屋院只有我一个人住着。父亲和他的两个堂弟共居一院的时代早已终结了。父亲一辈的男人先后都已离开这个村子,在村庄后面白鹿原北坡的坡地上安息有年了。我住在这个过去三家共有的屋院里,可以想见其宽敞和清爽了。我在读着欧美那些作家的书页里,偶尔竟会显现出爷爷或父亲或叔父的脸孔来,且不止一次。夜深人静我坐在小院里看着月亮从东原移向西原的无边无际的静谧里,耳畔会传来一声两声沉重而又舒坦的呻吟。那是只有像牛马拽犁拉车一样劳作之后歇息下来的人才会发出的生命的呻唤。我在小小年纪的时候就接受着这种生命乐曲的反复熏陶,有父亲的,还有叔父的,有一位是祖父的。他们早已在原坡上化作泥土。他们在深夜熟睡时的呻吟萦绕在这个屋院里,依然在熏陶着我。

这是一个不可思议的冬天。我站在我村和邻村之间的旷野里。

从我第一次走出这个村子到城里念书的时候起,父亲和母亲每每送我出家门时的眼神,都给我一个永远不变的警示:怎么出去还怎么回来,不要把龌龊带回村子带回屋院。在我变换种种社会角色的几十年里,每逢周日回家,父亲迎接我的眼睛里仍然是那种神色,根本不在乎我干成了什么事干错了什么事,升了或降了,根本不在乎我比他实际上丰富得多的社会阅历和完全超出他的文化水平。那是作为一个父亲的独具禀赋的眼神,这个古老屋院的主宰者的不可侵扰的眼神,依然朝我警示着,别把龌龊带回这个屋院来。

北京丰台。我从大礼堂走出来。《西安晚报》记者王亚田第一个打来电话。选举刚刚结束。他问我当选中国作家协会副主席后首先想的是什么。我脱口而出：作为一个作家，应该始终把智慧投入写作。

他又问：还有什么呢？

我再答：自然还有责任和义务。

我站在我村与邻村之间空旷的台地上，看"三九"的雨淋湿了的原坡和河川，绿莹莹的麦苗和褐黑色的柔软的荒草，从我身旁匆匆驶过的农用拖拉机和放学回家的娃娃。粘连在这条路上倚靠着原坡的我，获得的是沉静，自然不会在意"三九"的雨有什么祥与不祥的猜疑了。

2002年1月17日于原下

漕渠三月三

一

从京城来的三位电视记者向我提出,要拍陕西地方戏秦腔演出的盛况,还想拍关中民间农民的文化娱乐方式。我真有点犯难了,据我所知,秦腔作为西北五省尤其是陕西关中地区的名牌大戏种,大约至少有十多年已经退出了西安各家剧院的舞台,包括一些大腕级的名角也都流落到适时而兴的"秦腔茶社"里去被尚有秦腔戏瘾的人点唱,原先几乎每个县都有的秦腔剧团的演员们也都流散了,说来真是令人伤感的。如我一样还喜欢听听秦腔旋律品品秦腔韵味儿的人,要想在西安某家剧院看一场名家大腕的演出,还是很难觅到机会的。至于民间的文化活动,他们三位来得也不是时候,清明都过了,民间文化娱乐集中展示的春节的气氛,早已冷却了,农民们已经从春节的欢乐和慵怡中清醒过来,进入田野进入果园开始新的一年的劳作了。然而三位远道而来的记者仍不死心,让我再想想办法,再三申述作为这个专题片的地方文化氛围和土壤是不可或缺的。

真是天无绝人之路。区文化馆一位搞摄影的朋友不经意间告诉我,渭河岸边的漕渠村农历三月三日适逢古庙会,有秦腔剧团的演出,有当地青年男女的秧歌表演,有邻近几个村庄的锣鼓队凑兴。遗憾的是高跷被取消了,据说出于安全的考虑,怕人群过于拥挤而摔伤了表演的人。三位北京来的年轻记者闻讯竟欢呼起来,真是应了"起得早不如赶得巧"的俗话。这样一来,关于秦腔演出和地方文化娱乐特色的东西便全部都可以得手了。

三月三日一早,我便陪三位年轻人上路了。我所存活的白鹿原下的灞河川道,其实只是渭河平原的边缘地带,南岸是古原的北坡,北岸是骊山南麓纵横起伏的丘陵或者说山岭,中间蜿蜒着以柳色愉悦缠绵过古代离人的灞河。车行不过十余公里,便驶出虽然原青岭秀却也显得狭窄的河川,进入坦荡如砥气势恢宏的渭河平原了。那情景如同从一个细杆喇叭里钻出来,进入一个四野再无遮拦的令人舒展也令人惊悸的开阔境地。这是我跟着班主任到灞桥赶考初中第一次走出灞河河川时产生的感受。这种纯粹由地理地形造成的心理感受,一直延续到今天重复到现在,每一次走出家乡灞河川道时都像钻出喇叭细杆儿,每一次回乡也就有从敞开的喇叭口里钻进细杆的感觉。我喜欢走出那个细杆儿似的河川享受无边原野的气度和舒展,也更喜欢重新进入那个狭窄的灞河河川感受南原北岭动态的生动和变幻莫测的气象,甚至包括那一份狭窄造成的拘束。钻进来拘束一段时日,钻出去舒展畅放一回,我的心理秩序和心理感受便处于某种动态的颠簸里,自我感觉真是好极了。

无边无际的麦子刚刚努出穗儿来。满眼都是饱满丰腴的青春的绿色,成熟的含羞带娇的女子就是这种气韵。笼罩着村庄的泡桐织成一片又一片淡紫粉红的花云。天虽然阴沉着,依然罩不住大地青春的气象。

我要到漕渠村去赶三月三日的庙会了。我的心里竟然激动起来了。我已经有许多年没有进入这种关中农民狂欢的庙会场合了。我在少小时候接受过狂欢的场景留下难以磨灭的记忆。现在的乡村庙会与我过去逛过的庙会的气氛会有什么变化吗?淡了还是浓了?三位京城来的年轻的文化人,至少怀着一种猎奇的兴奋,在我则是对一种古老仪式的温习和膜拜。大约还有一公里的路程,我听到了一声火铳的震响,像是远天云层里奔突的沉闷而又撼人心腑的雷声。火铳是一种最具声威最具张力的爆响器,它蕴聚鞭炮家族炸响时的热烈之外,便是深沉如地出的震撼。这应该是民间庆典或狂欢场合里最具煽动性的响器了。即使极阴郁寡淡的人,也会在火铳的爆响里昂起头来。

二

庙会是漕渠村的庙会。

漕渠村在一道浅坡下。漕渠村是个大村子，自古就是一个大村子。村里有一座古庙，敬奉着佛家的一位神灵，何年建庙何年立神已经无考，所有关于庙堂的文字典籍，以及庙堂内栩栩如生的神像、精美的壁画和梁栋上的彩绘，都被后来屡屡发生的一次火过一次的"革命行动"扫荡净尽了，后来连三月三日的古庙会日也被禁止了。古庙能够存留下来是一个奇迹，说穿了却属无意，仅仅是贫穷的生产队需要用它做库房而没有被摧毁。有形的东西破坏或消灭十分容易，只有无形的传说却能依赖当地人的嘴巴传递下来。可以推断的是，三月三日的庙会是建庙之初就择定了的，庙会的历史也就是古庙的历史，同样是悠久古远得不能再古远悠久了。还可以推断的是，建庙立神的最基本的也是最原始的用意，便是崇拜，或者说是寻求和平安宁所需要的一个祈祷偶像。于是，在渭河南岸广阔的沃野和星罗棋布的大小村庄之中，便形成了以这个古庙为中心的朝拜圣地，三月三日便成为十里八村乡民寄托祈愿和狂欢的盛日。

漕渠村村庄的历史肯定比古庙的历史更为久远，这是常识而毋庸置疑的。一个漕字已注释了这个村子令人敬畏的历史。西汉王朝设都长安，为解决急骤繁荣急骤膨胀的城市吃粮问题，开凿了黄河、灞河、渭河连通长安城的一条可以浮船运粮的运河。关中人却称它为渠，可见当地人的自大和狂妄了。为了逛好漕渠村的古庙会，我专意儿查阅了《辞海》。漕渠词条下准确无虞地注释着这样的内容——

汉唐时自长安(今西安市)东至黄河的运渠。创始于西汉元光六年(公元前一二九年),在大司农郑当时主持下,发卒数万人,由水工徐伯督率开凿。渠傍南山(秦岭)下,长三百余里,三年而成,漕运大便,渠下民田亦颇得灌溉之利。初以灞水为源,其后凿昆明池,又穿昆明渠使东绝灞水合于漕渠。东汉时尚可通航,北魏时已无水。隋开皇初改自长安西北引渭水为源,浚复旧渠通运,定名广通渠,但习俗仍称漕渠。唐时通时塞。天宝初陕郡太守韦坚、太和初咸阳令韩辽两度修复,壅渭水作兴成堰,傍渭东注至永丰仓(即隋开皇中广通仓,仁寿末改名)下合渭入河,规制略如隋旧。末年迁都洛阳,渠遂堙废。

　　哦哟!这个漕渠村的历史至少可以前推到公元前一二九年西汉元光年间。甚至可以设想元光年间开凿漕渠之前这个村子就存在不知多少年了。现在仍保存着这个村庄的子孙们用嘴传留下来的当年的盛况,西汉初年漕渠开凿始成,除了为长安城运输粮食,包括渠下村民农田的灌溉,更有各种商船通过漕渠进出长安,漕渠村当时已形成一个中转码头,南北商贾,车船互转,客店饭馆买卖铺店,成一时之盛,漕渠村成为渭河南北广大地区的一大商埠。而古庙肯定在几百年后才形成心灵祈祷的圣地,有佛教进入中国的时间限定出来一个大致的历史轮廓。

　　我在即将进入漕渠村的时候,感到了这个村庄古远的历史对人的威压。如果不是《辞海》作证和指点迷津，纵然在这个村子的古庙会逛过十回，我也只会以为不过是一个普普通通的庙会而已，关中乡村类似的古庙会多不胜逛。从《辞海》的词条里可以看出，漕渠的开凿便形成漕渠村水陆码头的繁荣，而败毁于王朝灭亡之后的乱世；漕渠的再度浚通和漕渠村的重新繁华，又是隋和盛唐的时代，堙废的结局正好是大唐王朝没落。这条漕渠的兴衰简史，正好注释了从西汉至唐的中国历史的起落，自然可以想见如漕渠村的乡民的饥饱寒暖了。哦！我的关中，我的渭河平原，单是保存有两千多年的漕渠村这个村名，就够我咀嚼不尽了。我家门前的灞水，曾经是漕渠初开时的水源，我在敬畏的同时，顿然又有了一种沟通历史沟通地域的亲近感。

漕渠村倚靠着的南面的那道浅坡，亦因漕渠而得名为漕渠坡，一道虽然低浅却声名远播的坡。狭义的漕渠村单指这个自然村，而泛义的漕渠村则指漕渠坡下的大围墙村、小围墙村、宋家村、陈家村、王家堡、米家堡、田鲍堡、陶家村、万盛堡、宋家滩等十数个大小村堡，散落在渭河南岸的平原上，绵延十余华里，通称十里漕渠。站在漕渠坡头远眺起来，以稠密的村树和村树的绿叶笼罩下的房脊和屋墙组成的村庄，依次渐远，或大或小，坐落在绿色苍郁的麦田之中。我忽然想起，前年曾在临近入渭的灞河河道里，淘沙取石的农民挖出来一条大船的遗骸，距离漕渠村不过十余华里，又是怎样令人顿生想象的一条谜一样的古船啊！

一位做豆腐买卖的中年农民笑嘻嘻地告诉我："下了漕渠坡，

净是豆腐锅。"这儿盛产豆腐。漕渠坡下的豆腐远近闻名。据说这儿做成的豆腐烧了烩了不仅不烂,而且鲜嫩异香,做成臊子,浇到面条里,豆腐漂浮在上而不沉底。更具商家利益的是,同样十公斤黄豆在别处通常只能做出二十公斤豆腐,在漕渠村却能产出三十公斤,甚至三十五公斤。这个额外的利润,对于那些常年经营豆腐生意的豆腐客(主户)来说,是"天赐良水"令其窃自得意的幸事。除去公社化时代的极左政策施虐造成的萧条不计,漕渠坡下无以计数的豆腐作坊自古至今生意兴隆,现在更是许多农户赖以挣钱过日子的把稳的门路。豆腐客戏言:汉家爷江山败了,唐家爷江山也败了,爷们感念修漕渠占了农人的田地,再没啥可补偿了,就赐给咱漕渠人一井好水,让咱做豆腐过日子……爷们还是有良心的。云云。

我顿然失笑了。顿然从悠远的极富想象的漕渠村的历史烟云里清醒过来。顿然抖落了不无酸渍气味的幽思。顿然轻松地接受了这恩赐给豆腐客们的一眼好井……

三

农历三月三日逢着庙会的漕渠村,展示着一个纯粹属于农民的世界。

漕渠村的正街和各条小巷,现在都拥挤着农民。南北走向的公路与通往漕渠村的大路正好构成一个"丁"字,从公路的南面和北面,骑车的步行的男人女人源源不断拥入漕渠村。绝大多数尤其是中年以上的农民,几乎没有任何修饰,与拥挤着的同类在街巷里拥挤。在这里,没有谁会在乎衣服上的泥巴和皱褶,没有谁会讥笑一个中老年人脸上的皱纹蓬乱的头发和荒芜的胡须。女人们总是要讲究一些的,中老年女人大都换上了一身说不上时髦却干净熨帖的衣裤。偶尔可见描了眉涂了唇甚至在黑发上染出几绺黄发的女孩子,尽管努力模仿城市新潮女孩的妆饰打扮,结果仍然让人觉得还是乡村女孩。无论男人或女人,无论年龄长者或年轻后生,无论修饰打扮过或不修边幅的,他们都很兴奋,又都很从容自信,在属于他们的这个世界里,丝毫也看不到他们进入城市在霓虹灯下在红地毯上在笔挺的西装革履面前的拘束和窘迫。他们如鱼得水。他们坦荡自在。他们构成他们自己的世界。

我在这条长长的街道里和支支岔岔的小巷里随着拥挤的人流漫步。我的整个身心都在感受着这种场合里曾经十分熟悉而毕竟有点陌生了的气氛。这种由纯粹的农民汇聚起来的庞大的人群所产生出来的无形的气氛和气场,我可以联想到波澜不兴却在涌动着的大海。我自然联想到我的父辈和爷辈就是构成这个世界的一员或一族。我向来不羞于我来自这个世界属于这个世界壮大于这个世界,说透了就是吮吸着这个世界的气氛感应着这个世界的气场生长的一族。我现在混杂在他们之中,和他们一起在漕渠村的大街小巷里拥挤,尽管我的穿着比他们中的同龄人稍微齐整一点,这个气场对我的浸淫和我本能似的融入,引发了我心里深深的激动。这一刻,我便不由自主地自我把脉,我其实还是最容易在这个世界的气场里引发心灵悸颤的。

村街两边摆着小饭摊、农具、种子、铁器、服装、搪瓷和塑料厨具餐具,以及不可或缺的老鼠药,举凡农民生产生活所能需用的一切东西,现在都摆置在村街两边供农民选购。最令我动心的是那些传统小吃摊子,仍然保存着在我少不更事时见到过的那种老式饸饹担子,几乎原样未改地摆在这里或那里。摊主抓起一把紫红色的饸饹,在案板上反复弹着,抛进敞口浅底的花边瓷碗里,用小勺挖盐用木勺撩醋用小木板挑辣椒的动作像是一种舞蹈。我小时候跟随大人去庙会的最重要的目的,就是坐在矮条凳上接过摊主送过来的那一碗饸饹。更奢侈一点儿,还会有邻近摊位的油锅上递过来一个油饼或油糕,久久盼望赶庙会的全部目的就在这时实现了。现在,饸饹摊子和油锅前,男人和女人随意地在小条凳上坐下去,包括他们牵引着的男孩和女孩,接过饸饹或油饼油糕,吃罢了抹了嘴就又掺和到人流里去了。我的根深蒂固的关于吃饸饹的记忆就是这种形式。我后来在一些饭店的豪华餐桌上也吃到这种被学者研究出可以防癌可以降血压的所谓绿色食品,却总是尝不出庙会上饸饹摊子主人舞蹈似的动作之后的那种香味,更不必说那高得吓人的价码了。我敢说,坐在这个饸饹摊子前品尝饸饹的男人或女人,如果他们知道自己掏六七毛钱就可以享到的口福,城里人在大饭店却要花几乎一斗麦子的钱才能吃到一碗饸饹,准会嘲笑发了财的城里人傻得不会花钱了。

秧歌队扭过来了。这是经过费心操练的一支颇为壮观的秧歌队伍。纯一色的农家姑娘农家媳妇,还有一些堪称大娘辈儿的农家女人,一律的红绸衫绿绸裤,一律的粉红色剪花别在右耳上方的黑发里,手里舞着一律的大红绸扇子,一律的弓前殿后左扭右摆的舞步,一律的优雅,从村子中间的大街里自西向东扭过来。她们可能刚刚放下锄头或给猪呀鸡呀添过食料,换上这一身艳丽的服装就结队扭起来了。她们的公婆她们的丈夫(或未婚夫)她们的孩子,此刻就拥挤在街巷两边的人群里看她们舞蹈。她们同样具有强烈地展示自己表现自己的欲望。她们或欢欣或自信或温媚或沉稳或娇羞的眉眼里,都透出这种展示自己风姿的欲望。

秦腔戏的戏台搭在村庄背后的一片空地上。我是循着乐队的响声拐进小巷寻到这里的。一个用木头搭建的戏台,横额上标明长安县剧团。我一眼便看出来,台上正在演唱着的是《铡美案》中的《杀庙》一场。这是这部堪称秦腔经典剧目中最为惊心动魄的一幕。从戏剧艺术上来看也应是最为精彩的一章。一个被主子差遣来杀人的差官韩琦,一个怀着满腹委屈的乡村女人和她的一双儿女,两个人的冲突两个人的命运在一座小小的庙堂里展示得淋漓尽致波澜起伏,堪称戏剧创作上的绝妙一笔。我曾经无数次地看过这部戏剧,尤其喜欢这精彩绝伦的一折。我在小小年纪初看这部戏时,大约也就只看懂了这部戏的这一折,仅就剧情而言。从剧情的发展和剧中多个人物的命运的转化来看,《杀庙》这一折正好是这部戏的关揪。我早已从这部戏的情感里跳了出来,而进入一种艺术创造和艺术表演的欣赏了。

台下几乎是纯一色的中老年农民。台前的人坐在自带的小凳上，两边和后边的人站立着，几乎全都是上了年岁的人。清脆的梆子声紧密的扁鼓声从响亮的板胡缠绵的二胡声中跳蹦而出，敲击着在台下看戏的农民的耳膜和胸膛。他们自小就接受这种乐曲曲调的敲击。他们乐于接受这种时而强烈时而委婉时而铿锵时而绵软的旋律的抚慰。他们并不太在乎是否完全听明白了那些唱词。我也习惯于接受这种旋律的敲击和抚慰。我也不太在乎是否完全听清楚了那些唱词。主要的是这种旋律的敲击和抚慰。

下雨了。一把一把五颜六色的伞撑开来，在短暂的一阵骚动后，很快又平静下来。我此刻才发现与我同行的三位北京来的记者正跳上戏台的左角，支起录像机的三脚架，随之就把镜头对准了正处在杀人与自杀两难中的韩琦，又把镜头调整过来对着台下的农民观众。

我在来去戏场的路上看到了两顶就地搭起的巨大的帆布帐篷。离地大约一尺透着空当。有小孩子趴在地上往里边窥视。我问一个男孩看见了什么。男孩"嘻嘻"笑着说，光腿。从那个全封闭的神秘的帐篷里传出震人的音乐，偶尔发出一两声女子的尖叫。帐篷开口处坐着一位男青年用电喇叭做着广告，招徕诱惑围观的男女进去观赏，语言像是刀刃上的游鱼。不时有人花一块钱买票入场，几乎是纯一色的男青年。一位站在门外的小伙子和一位刚刚走出帐篷的小伙子搭话：

"里头弄啥哩?"

"跳舞哩。"

"跳啥舞哩?"

"扭尻子舞。"

"穿没穿衣裳?"

"穿着哩。"

"穿的啥衣裳?"

"不好说。"

"这有啥不好说的?"

"你进去看看就知道了。"

"我不知值不值得花一块钱。"

……

搞不清这些就地支账票价一元的演出团队来自哪里,只是可以肯定绝不是渭河岸边的人。谁家的女子要是在那神秘的帐篷里跳光腿舞,可能不需半天就臭名远扬难寻婆家了,谁家的老少就要被指指戳戳闲言碎语了。这些演出团体游牧一样流动在乡村里的集镇上,逢着某村的庙会更是赚钱的最好时机。他们和古老的秦腔对台。他们在乡村里传播什么冲击什么,他们一般是不会从"意义"上考虑的,只是更多地争取那一元钱的门票所包含的利益。愿意花一元钱进帐篷去的乡村青年,自然是为了看看扭尻子舞蹈以及除他们的媳妇之外的女人的光腿。应该说与城市里富丽堂皇超级豪华的歌舞厅里的看客们的原始目的并无二致,只是演出的水准和票价相差太远了。

四

现在该去听锣鼓了。锣鼓队在村委会门口摆开架势。这是一支远路而来的锣鼓队，按习俗的说法是前来送香火的。送香火的锣鼓队的多少，成为某个庙会盛大景况的重要标志。龙旗前导，锣鼓敲打，响炮放铳，最具声望的老者端着装满紫香黄裱的木盘，浩浩荡荡又肃穆端恭地一路走去，把香火送进庙门，跪拜，点蜡，上香，焚烧黄裱，再叩头。庙门外的广场上，常常摆开十余家从各个村子赶来送香火的锣鼓队，对着敲，看看谁家能把逛会的人吸引过去的最多，自然是优胜的标志了。这是解放前后的盛景，我留下这样的印记是无法淡漠的。现在的漕渠村庙会上，只有两家锣鼓队。我觉得悦耳好听的这一家占据着村委会门前绝好的地盘。一位两腮凹进牙槽的精瘦老头握着鼓槌儿，眼睛上扣着一副茶色石头镜子，这是我印象中最深刻的那种既富于灵性而又有点倔强执拗的老头形象了。他不看任何人，也用不着看鼓面儿，微微偏着头发稀疏亮着红光的脑袋，两手两把溜光的木质鼓槌儿，在米黄色的牛皮鼓面儿上敲出风摆乱花一样的鼓点儿。鼓是锣鼓队的指挥和灵魂。铜钹和大小铜锣在鼓点儿的指挥下变换着交响着。一个好的鼓手常常成为一方地域里受人钦敬的名人。

这样的锣鼓队现代被命名为"长安锣鼓"。流行在秦岭北边渭河平原的锣鼓曲谱源自唐代，被现在的一些搞民间文化的音乐工作者发掘整理出来，颇多抢救国宝的意味。在我的印象里，整个关中稍微像样的村庄都有一支锣鼓队，诸如我的生地蒋村解放时不过三十余户的小村子，同样有一套锣鼓响器，这是整个村子在合作化以前唯一的公有财产，靠一家一户捐赠的粮食置备起来的。每到逢年过节，村里的锣鼓队就造起声势来，把整个村庄都震动起来颠簸起来，热烈的锣鼓声灌进每一座或堂皇或破旧的屋院，把一年的劳累和忧愁都抖落到气势磅礴震天撼地热烈欢快的锣鼓声中了。可以肯定的是，乡村锣鼓这种民间音乐，是我平生里接受的第一支旋律。岂止是我，在那个时代生活过的乡村人，出生后煜在火炕被窝里的第一个春节到来时，就被这种强烈震撼的锣鼓声震得在被窝里哭叫起来，锣鼓的敲击声响从此就注入血液。

现在在漕渠村村委会门前演出的这支锣鼓队，是一支真正的民间锣鼓队，除那位显示着执拗自信的鼓手老头儿，还有四五个抓着脸盆一样大小的铜钹（当地俗称家伙），五六个左手手指上挂着碗口大的铜锣右手执着短粗锣槌儿的青壮年农民。令我遗憾的是，这支精当的锣鼓队里缺少至少两三个敲那种比蛋糕稍大一点铜锣的角色。缺少小铜锣而突出了大铜锣，显然是一支以瓷硬为风格的锣鼓队，而那种以大小铜锣为主体的锣鼓队的风格被称为"酥"。酥在演出风格上的突出特点是细腻婉转。然而这个缺少了小铜锣作点缀作调节的锣鼓队，敲出一曲又一曲传统的也许真是自唐代流传下来的锣鼓曲调。这样原始的曲调在我尚在识字之前就听过许多回了,时而如瀑布自天覆倾而下,时而如清溪般流淌;时而如密不透矢的暴风骤雨,时而如疏林秀风;时而如洪流激浪一泻千里,时而如蜻蜓点水微风拂柳。在这样急骤转换的奏鸣里,我的心时而被颠得狂跳,时而又被抚慰,锣鼓的声浪像一只魔女妖精的手,把人撩拨得神魂激荡而又迷离沉醉。我又一次验证了自己关于乡村锣鼓的记忆和感受,依然保持着那份敏感那份融洽而没有隔膜和冷漠。也许应该是我的生命之乐。

我沉浸在锣鼓声中。这一帮由老汉壮年和青年组成的锣鼓队,没有化妆没有统一服饰,也没有由专业乐界行家导演训练出来的统一动作和表情,他们敲到得意时,有的咬牙有的瞪眼有的摇头晃脑,各见性情。常常使我产生错觉,把他们的脸孔和我儿时印象中的我村的某个人重叠起来混淆起来。我沉浸其中,我已经多年没有接受这种生命之乐的冲撞和震颤了。人的五脏六腑也许需要这种纯属民间的乐器来一番冲撞和洗刷的。无论如何,在民间锣鼓的乐曲里,我心中沉积着的污泥和浊水,顿然扫荡清除了,获得的是清爽和轻松,好继续上路。

我还会再去寻求这种纯粹民间的锣鼓,为生命壮行。

2002 年 5 月 16 日于原下

遇合燕子，还有麻雀

燕子来了。

刚一打开门，燕子就飞过来，"唧唧唧唧"吵叫着，在过庭的四周旋飞，自然是寻找可以筑巢的地方。有时候多到十余只，在前屋后屋的过庭和屋檐下旋转。整个屋院里，呈现熙熙攘攘热热闹闹的气氛。无论在南方或在北方，燕子都被平民视为吉祥的美和善的形象，也是春天的象征。尽管寒风依旧刺脸，尽管冰雪封冻枯草遍地，心里却已洋溢着春天的气息了。燕子都来了啊！

拒绝燕子，我便闭了前门，也关了后门，不许燕子到屋内筑巢。我十分喜欢这种洋溢着吉祥洋溢着善良的鸟儿，却又不得不硬着心肠拒绝它们进屋，确是无奈的事。

二十世纪八十年代某一年，小燕子在我刚刚建成的前屋里寻觅栖息之地，最后选定了装着电灯开关的那个圆形木盒子，据此便衔泥筑窝。我和妻子和孩子都怀着一份欣喜，在新屋里添一对喜气洋洋的燕子，于心理上似乎平添了一份令人舒悦的吉祥气氛，都十分珍爱十分欢迎这一对客鸟。很短几天,小燕的窝巢极快地长高着,令我惊讶,曾戏谑简直是深圳速度啊!那时候,深圳建筑业挣脱了中国建筑行当习以为常的慢腾腾,以几天建一层楼房的高速度震惊了中国,被誉为深圳速度,也成为中国经济改革的一个形象化的代名词。我同时也发现了不妙:燕子用泥筑成大半的窝上,夹杂着一枝枝细长的草枝草叶,悬吊在空中,看上去乱糟糟脏兮兮的。印象中燕子是用纯粹的河泥造窝的,怎么会夹杂这么多草枝?问及村人,老者说,燕子有两种,一为瑚燕,用纯粹的河泥筑窝;一为草燕,用杂合着草枝草叶的河泥造窝。我才大开眼界,知道燕子中也有精致和粗糙的类别。

在我新屋里筑巢的这一对燕子,无疑是属于粗糙类的草燕一种了。但终归是燕子,粗糙就粗糙一点吧,我自己其实也不属于精致雅细之人,粗糙的人和粗糙的燕子正好合拍,正好可以为邻为伍,谁也不必嫌烦谁。到得这一对燕子夫妇开始轮换卧巢孵卵的时候,我又发现了不妙。墙上开始出现黑一道黄一道的排泄物。留心观察发现,卧巢孵蛋的燕子后急了,便把屁股撅出窝口,完了事又钻进窝去继续孵蛋,墙上就流下来一道儿秽物。我就觉得不能容忍,粗糙也不能粗糙到这种程度嘛!然而还是容忍了,主要是因为那窝里正在孵化的两枚蛋,说不定小燕就要破壳而出了呢。家人已多怨言,说没见过这样又懒又脏的燕子。怨归怨,嫌归嫌,只盼小燕尽早出窝离巢。

及至雏燕出壳,及至嫩雏逐渐长大羽丰,食量与日俱增,排泄量也同步增加,整个那一片墙壁,已经被燕粪涂抹得不堪入目,地上也落着脏物。每有客人来,迎面看见这幅景象,总是说把窝捣了,太不像样子了。我忍耐着那份惨不忍睹,承受着那份脏,直到发现雏燕已经出窝试飞,终于下了逐客令……因为实在无法辨别瑚燕和草燕儿,便闭了门,一律拒绝燕子进屋,有点因噎废食的简单。

拒绝燕子,另有一个更硬的原因。我一个人住在这个祖居老屋里,常有出门的时候,短则一日,长则十天半月,走了就得锁门,燕子苦心巴力筑巢育雏,都会前功尽弃,甚或虐杀幼雏。即使精致的瑚燕,也无法容留。然而心里确实期盼能有一对瑚燕为邻为友,每天"唧唧啾啾"呢喃着,添一分生气和祥和。

真是令人喜出望外的事。早春时节去南方十天,回到原下老家时,我的第一发现,就是有燕子择定了居地。在前屋的后檐下,在那个粗大的挑梁和后墙构成的三角地带,有一个正在建筑着的燕窝。我一眼就看出来,那窝纯粹是用细腻的河泥垒堆的,一根一丝杂草也不见,据此可以断定属于精致的瑚燕了。它选择的地方也太好不过,无论我在家或出外,都不妨碍它筑窝和将来育雏。

又是深圳速度。两只燕子轮番衔着泥回来,把泥团搭在茬口上,歪着小脑袋左按一下,右按一下,然后就飞走了。我很奇怪,一团一团的河泥里掺着细沙,本是很松散的,比普通黄泥的黏合力差得远了,怎么会黏结得牢靠?似乎村人说过,燕子嘴里自含胶。是说燕子的口腔里分泌一种可以使泥团增强黏结力的液体。无法验证,不得而知,反正那窝与日俱增着,速度极快。我在暗自庆幸遇合了这一对精致的瑚燕的愉快心境里,看着专心致志忙忙碌碌筑巢的燕子,常常浮出幼年的一幅难忘的情景来。

　　大约是我刚刚入学启蒙,还没有认下几个字的时候。某天放早学回家,看见父亲在后屋明间的脚地上锯一块小小的薄板,比我的课本大不出多少。我便问,锯这板干什么。父亲说给燕子架一个垒窝的台板。他说有一双燕子在屋梁上飞来飞去,有两三天了,估计找不到可以落泥垒窝的台板。叔父在一边不经意地说,等你给燕儿把台板架好了,它又不来了。父亲自顾自做着,在刨光的木板的一面,用毛笔写下四个大字,并问我,你都算是学生了,认不认得这几个字。我丝毫也不觉得难堪,因为父亲其实也明白我不可能认识这四个笔画很繁杂的汉字。他有点洋洋得意地念道:喜燕来朝。他继续以洋洋得意的口吻给我讲说,燕子是吉祥鸟,也是喜鸟善鸟,在谁家垒窝是喜事。我便问"朝"是什么意思。父亲嗯了一声,朝嘛也不敢说朝拜,咱是穷家百姓……叔父已经走开了。他几乎是个文盲,大约不屑看取父亲咬文嚼字的做派。然而父亲随之端来木梯,先在檩木上砸进两枚生铁方钉,再把木板架上去,又用细绳捆扎牢靠。我在梯子旁边瞅着"喜燕来朝"那四个悬在空中的毛笔字,积着灰尘结着隔年蛛网的老房旧梁,似乎顿然有了可期待的灵气了。母亲在催过我和父亲吃饭之后,随口说出几句关于燕子的歌谣:不吃你家米,不脏你家地,只借你家高房垒窝育儿女,也给你家添分喜……

我对燕子最初的认知和记忆，就是这天早晨留下的。父亲精心搭置的木板平台，真的招来了一对燕子。后来怎么垒窝、孵卵、育雏，年代久远，已不甚了了，只是清楚地记得，那对燕子不仅自己不在窝口拉屎，连它们孵出的雏燕的排泄物，也都转移到屋院以外的野地里去了。父亲说，燕子叼着虫回到窝喂小燕，出窝时就把小燕拉的屎叼走了，燕子这鸟比有些人还通灵性儿。这是事实，在写着"喜燕来朝"的木板上筑成的燕窝下面的脚地上，从来也没见过一次秽物，直到雏燕出窝。几十年后我才知晓，燕子中还有既脏地又脏墙令人生厌的草燕一类。据村人说，现在的燕子比过去多多了，村里好多人家都有燕子垒窝，十之八九都是粗糙的草燕，弄得屋里脏兮兮的，又不忍心赶出门去。瑚燕已经少得不成比例，越显得珍贵，也越难遇合了。我多庆幸啊！

看着最后一团湿泥干涸，再不见有新的湿漉漉的河泥垒加，我就明白燕子的这个建筑物大功告成了。这是怎样奇妙的一幢鸟类的伟大建筑啊：贴着墙的一面逐渐悬吊下去，形成一个小小的兜儿，然后又缓缓地朝前往上垒上去，最后收成一个仅仅只容得燕子出入的小口。我便可以推想，那个悬吊在最下部的兜儿，肯定是为产卵设计的，卵不至于乱滚，雏燕藏在这个兜底儿，恰如一个四面设围的摇篮，避免了瞎滚瞎爬而掉出来摔死的危险。这个燕窝是倚赖挑梁和墙壁平面屋檐的三角地带垒成的，根本没有像我父亲在屋梁上架设的木板作基础，也没有十余年前那对草燕在前屋电灯开关的木盒上垒窝的依托，难度就很大了。这是一个完全悬空的建筑。这是燕群里的一对建筑大师出神入化的杰作,令我叹为观止。可以断定,这是它们的父母无法教给它们的方法和技巧,也是无法从它们的同类那儿模仿的,因为根本不存在完全相同的垒窝筑巢的环境,一切都得依据具体环境提供的可能性,去构思去设计去施工。由此可以推想每一对燕子的每一次筑巢,都是一次重新开始的全新的创造,无法仿效同类,也无法重复自己。

我察觉新垒的燕窝呈现出一种静谧,只有一只燕子在屋院里偶尔掠过,估计这是那只公燕儿,母燕静卧新巢产卵了。我无意间也就放轻了脚步,出入后门走过头顶的那个神秘的燕窝时,自然生出一缕拘谨,生怕惊扰了它。想到再过一些时日,那神秘的窝巢里将会传出雏燕争食的声音,该是多么美妙哦。

外出一周回到原下,打开已经积尘的铁锁,首先想看一看前屋后檐下的燕窝,似乎没有任何动静。我便想到,可能正在产卵或孵卵哩,不到饿极或尿急,燕子是不会出窝的。几天过去了,我竟然没有发现燕子一次出入其巢,便有些疑惑,担心也就潜生了。后来就站在较远处的后屋前门口耐心等候,许久仍不见燕子出入的踪迹,倒是有两只甚至多只燕子出入前屋和后屋的大门,或在屋院上空旋飞,却不见进出窝口,这是怎么回事呢?又过了许多天,我终于断定,这个燕窝已是一个空巢,心里竟冷寂起来,猜想这对精心设计苦力构建了窝巢的燕子,不可能另择栖地重筑新巢,也不可能是被孩子虐杀,因为即使最捣蛋的孩子,也不会捉燕子的。我唯一能想到的是农药的绝杀。然而这个时节的乡村里,麦子已经接近

遇合燕子,还有麻雀

成熟,早熟的水果都是不再施撒农药的。然而也不敢肯定,说不定什么人在菜园里喷了药汁……无论这种猜测的可靠性几何,结果却是不可改变的残酷,燕子确凿没有了,难得遇合的不脏我家地的瑚燕儿。

我的心里渐渐平复,在后屋里继续我写字或看书的事。某日中午,我撂下钢笔点燃一支卷烟,透过窗户玻璃无意朝前看去,看到一只麻雀从前屋后檐下飞出来,心里一惊,用水泥板构建的前屋后檐,没有任何鸟雀可以落脚的东西,这麻雀是不是从燕窝里飞出来的?我便走出后屋前门,站在台阶上想看个究竟。待了许久,再也看不到麻雀进出燕窝的奇迹发生,便想到刚才可能恰恰看见了一只从屋檐下掠过的麻雀,怪我多疑了,便又重新拾起钢笔。

当我再次点烟的时候,无意间又看见了从前屋后檐下飞出一只麻雀。这回我没有走出门去,就隐蔽在原位上隔着窗玻璃偷窥,果然,一只麻雀从屋檐上空折转下来,钻进那个燕窝里去了。我几乎脱口而出,雀占燕巢,千古奇观。随之就放声大笑了,笑得我都岔住气了。我读书读到有趣处时哑然失笑,是常有的事,有时候一个人走路想着某些滑稽可笑的事或人,也会暗自发笑。然而像这样的忍俊不禁的大笑,而且是我一个人独居着的偌大空寂的屋院,却是绝无仅有的事。真是不可思议!好你个麻雀兔崽子!任谁都知道鸠占鹊巢的故事,然而恐怕没有谁如我有幸亲眼目击雀占燕巢的滑稽了。那么精美的燕窝里,现在飞出来又钻进去的,竟然是土头灰脑的麻雀。乡村人惊奇这类不可思议的怪事时常说,奇哉怪哉,楸树上结串蒜薹。现在恰好可以套用乡村人的这个句式,奇哉怪哉,燕窝里飞出麻雀。我突然想到那位诡秘奇思的天才作家蒲松龄,编尽了天下妖魔鬼怪的奇事逸闻,怕是也想不到麻雀竟会占据燕巢。我听说过蛇和老鼠钻进燕窝偷食燕蛋的事,并不为奇,只觉得残忍。然而麻雀怎么可能欺侮燕子呢?

在鸟儿的王国里,有益鸟和害鸟之分,这是人类按鸟的习性对自身的利害而做出的划界。如果就鸟儿王国本身而言,有食肉类和以草虫为食物的区分。食肉一类的鸟如鹰、鸠、雕、鹞等,以捕杀各种鸟儿和小型动物营养自己,甚至凶残暴戾到敢于攻击人类,它们是鸟类王国里的希特勒和日本鬼子。以各种植物的叶子和果实或小虫为食物的鸟儿,是鸟类王国里的"各民族人民大众",在广阔的大地上寻觅自己喜好的嫩叶、种子和虫子,互不干扰互不威胁和平共处。鸠占鹊巢就是鸟类王国里恶对善的欺凌。鸠是嗜血成性的凶鸟,而鹊是被人作为报喜禳灾的喜鸟而钟爱的。我却突发奇想,鸠残忍地捕杀喜鹊一类善鸟可能是时时发生的事,而鸠霸占喜鹊窝巢的事恐怕谁也没有目睹过。我见过无数的喜鹊窝巢,是鸟类中最不讲究最潦草的一种,用比较粗硬的树枝杂乱无章地搭压在一起,疏漏如同罗眼。这样的窝,鸠怕是看不到眼里的。鸠占鹊巢无非是喻示恶对善的欺凌,强武对弱势的霸道,没有谁去考察鸠是否真的霸占过鹊的窝巢。

麻雀却霸占了燕子的窝巢,我已先睹为快。

麻雀在鸟类王国里,无疑属于弱势一族中的弱势,那么小的体形,对任何鸟儿都不会构成威胁。在人类的眼里,不该被视为与人争谷的害鸟而曾被动员起来的六亿人民(一九五八年全国人口)围歼,即使为其平反之后,人们也没有太在乎过它,小孩子们的弹弓首先瞄准的还是麻雀。这个被凶鸟欺压也被人类轻贱着的小小麻雀,却可以欺侮燕子。而燕子在人的眼里和心里,自古都是颇为高贵的可以享受"喜燕来朝"架板的贵宾。如果用人类拳击的规则来度量,麻雀和燕子属于同一个量级,大约都不过零点一公斤的体重吧。然而麻雀却可以以武力霸占燕巢,怕是燕子生性太善也太娇弱了……我这样推测。

我把这个类似"楸树上结了蒜薹"的奇事讲给村里人,听者哈哈一笑便解谜了。村人说,麻雀根本不会和燕子动武。麻雀只要往燕子窝里钻一回,燕子就自动给麻雀把窝腾出来了。为啥?麻雀身上的臊气儿把燕子给熏跑了。燕子太讲究卫生了,闻不得麻雀的臊气。

哦!这又是我料想不到的学问,一个令我惊心的学问。

鸠以武力霸占鹊巢,如同人类历史中大大小小的臭名于世的侵略者,人们恐惧他们的暴力,却不奇怪他们曾经的出现和存在。然而麻雀呢?虽不具备如鸠一样的强力和嗜血成性的残暴,却可以用自身的腥臊气味把太过干净的燕子恶心一番,逼其自动出逃,达到如鸠一样霸占其巢的目的,而且不留鸠的恶。由此类推到自然界,如若蛆虫爬进了蚕箔,蚕肯定会窒息而死,其实蛆对蚕是不具备攻击力的。如若把一株臭蒿子栽到兰花盆里,后果将不言而喻。再推及到人类社会生活中的臭与香、丑与美、恶俗与高雅、鸨婆与林黛玉、泼皮无赖和谦谦君子，其实是不必交手结局就分明了。

　　这倒成为我开心的一大景观。我站在台阶上抽烟，或坐在庭院里喝茶，抬头就能看见出出进进燕窝的麻雀的得意和滑稽，总忍不住想笑。起初，麻雀发现我站着或坐在院里，还在屋檐上或墙头上窥视，尚不敢放心放胆地进入燕窝，一旦我转身进屋，"刺溜"一声就钻进去了，还有点不好意思的心虚，显现出贼头贼脑的样子。时间一久，大约断定我其实并不介入它占燕巢的劣行，就变得无所顾忌地大胆了，无论我在屋里或檐下，它都自由出入于燕窝。我也就对麻雀吟诵：放心地在燕窝里孵蛋，再哺育小麻雀吧！毕竟也还是一种鸟咯！

2002年7月9日于原下

原下的日子

一

新世纪到来的第一个农历春节过后,我买了二十多袋无烟煤和吃食,回到乡村祖居的老屋。我站在门口对着送我回来的妻女挥手告别,看着汽车转过沟口那座塌檐倾壁残颓不堪的关帝庙,折回身走进大门进入刚刚清扫过隔年落叶的小院,心里竟然有点酸酸的感觉。已经摸上六十岁的人了,何苦又回到这个空寂了近十年的老窝里来。

从窗框伸出的铁皮烟筒悠悠地冒出一缕缕淡灰的煤烟,火炉正在烘除屋子里整个一个冬天积攒的寒气。我从前院穿过前屋过堂走到小院,南窗前的丁香和东西围墙根下的三株枣树苗子,枝头尚不见任何动静,倒是三五丛月季的枝梢上暴出小小的紫红的芽苞,显然是春天的讯息。然而整个小院里太过沉寂太过阴冷的气氛,还是让我很难转换出回归乡土的欢愉来。

我站在院子里，抽我的雪茄。东邻的屋院差不多成了一个荒园，兄弟两个都选了新宅基建了新房搬出许多年了。西邻曾经是这个村子有名的八家院，拥挤如同鸡笼，先后也都搬迁到村子里新辟的宅基地上安居了。我的这个屋院，曾经是父亲和两位堂弟三分天下的"三国"，最鼎盛的年月，有祖孙三代十五六口人进进出出在七八个或宽或窄的门洞里。在我尚属朦胧混沌的生命区段里，看着村人把装着奶奶和被叫作厦屋爷的黑色棺材，先后抬出这个屋院，再在街门外用粗大的抬杠捆绑起来，在儿孙们此起彼伏的哭号声浪里抬出村子，抬上原坡，沉入刚刚挖好的墓坑。我后来也沿袭这种大致相同的仪程，亲手操办我的父亲和母亲从屋院到墓地这个最后驿站的归结过程。许多年来，无论有怎样紧要的事项，我都没有缺席由堂弟们操办的两位叔父一位婶娘最终走出屋院走出村子走进原坡某个角落里的墓坑的过程。现在，我的兄弟姊妹和堂弟堂妹及我的儿女，相继走出这个屋院，或在天之一方，或在村子的另一个角落，以各自的方式过着自己的日子。眼下的景象是，这个给我留下拥挤也留下热闹印象的祖居的小院，只有我一个人站在院子里。原坡上漫下来寒冷的风。从未有过的空旷。从未有过的空落。从未有过的空洞。

我的脚下是祖宗们反复踩踏过的土地。我现在又站在这方小小的留着许多代人脚印的小院里。我不会问自己也不会向谁解释为了什么又为了什么重新回来，因为这已经是行为之前的决计了。丰富的汉语言文字里有一个词儿叫龌龊。我在一段时日里充分地体味到这个词儿的不尽的内蕴。

我听见架在火炉上的水壶发出"噗噗噗"的响声。我沏下一杯上好的陕南绿茶。我坐在曾经坐过近二十年的那把藤条已经变灰的藤椅上,抿一口清香的茶水,瞅着火炉炉膛里炽红的炭块,耳际似乎萦绕着见过面乃至根本未见过面的老祖宗们的声音,嗨!你早该回来了。

第二天微明,我搞不清是被鸟叫声惊醒的,还是醒来后听到了一种鸟的叫声。我的第一反应是斑鸠。这肯定是鸟类庞大的族群里最单调最平实的叫声,却也是我生命磁带上最敏感的叫声。我慌忙披衣坐起,隔着窗玻璃望去,后屋屋脊上有两只灰褐色的斑鸠。在清晨凛冽的寒风里,一只斑鸠围着另一只斑鸠团团转悠,一点头,一翘尾,发出连续的"咕咕咕……咕咕咕"的叫声。哦!催发生命运动的春的旋律,在严寒依然裹盖着的斑鸠的躁动中传达出来了。

我竟然泪眼模糊。

二

傍晚时分,我走上灞河长堤。堤上是经过雨雪浸淫沤泡变成黑色的枯蒿枯草。沉落到西原坡顶的蛋黄似的太阳绵软无力。对岸成片的白杨树林,在蒙蒙灰雾里依然不失其肃然和庄重。河水清澈到令人忍不住又不忍心用手撩拨。一只雪白的鹭鸶,从下游悠悠然飘落在我眼前的浅水边。我无意间发现,斜对岸的那片沙地上,有个男子挑着两只装满石头的铁丝笼走出一个偌大的沙坑,把笼里的石头倒在石头垛子上,又挑起空笼走回那个低陷的沙坑。那儿用三脚架撑着一张钢丝罗筛。他把刨下的沙石一锨一锨抛向罗筛,发出连续不断千篇一律的声响,石头和沙子就在罗筛两边分流了。

我久久地站在河堤上,看着那个男子走出沙坑又返回沙坑。这儿距离西安不足三十公里。都市里的霓虹此刻该当缤纷,各种休闲娱乐的场所开始进入兴奋期。暮霭渐渐四合的沙滩上,那个男子还在沙坑与石头垛子之间来回往返。这个男子以这样的姿态存在于世界的这个角落。

我突发联想,印成一格一框的稿纸如同那张罗筛。他在他的罗筛上筛出的是一粒一粒石子。我在我的"罗筛"上筛出的是一个一个方块汉字。现行的稿酬标准无论高了低了贵了贱了,肯定是那位农民男子的石子无法比的。我自觉尚未无聊到滥生矫情,不过是较为透彻地意识到构成社会总体坐标的这一极。这一极与另外一极的粗细强弱的差异。

这是新世纪的第一个早春。这是我回到原下祖屋的第二天傍晚。这是我的家乡那条曾为无数诗家墨客提供柳枝,却总也寄托不尽情思离愁的灞河河滩。此刻,三十公里外的西安城里的霓虹灯,与灞河两岸或大或小村庄里隐现的窗户亮光;豪华或普通轿车壅塞的街道,与田间小道上悠悠移动的架子车;出入大饭店小酒吧的俊男倩女打蜡的头发涂红（或紫）的嘴唇，与拽着牛羊缰绳背着柴火的乡村男女；全自动或半自动化的生产流水线，与那个在沙坑在罗筛前挑战贫穷的男子……构成当代社会的大坐标。我知道我不会再回到挖沙筛石这一极中去，却在这个坐标中找到了心理平衡的支点，也无法从这一极上移开眼睛。

三

村庄背靠白鹿原北坡。遍布原坡的大大小小的沟梁奇形怪状。在一条阴沟里该是最后一坨尚未化释的残雪下，有三两株露头的绿色，淡淡的绿，嫩嫩的黄，那是青蒿，长高了就是蒿草，或卑称臭蒿子。嫩黄淡绿的青蒿，不在乎那坨既残又脏经年未化的雪，宣示了春天的气象。

桃花开了，原坡上和河川里，这儿那儿浮起一片一片粉红的似乎流动的云。杏花接着开了，那儿这儿又变幻出似走似住的粉白的云。泡桐花开了，无论大村小庄都被骤然爆出的紫红的花帐笼罩起来了。洋槐花开的时候，首先闻到的是一种令人总也忍不住深呼吸的香味，然后惊异庄前屋后和坡坎上已经敷了一层白雪似的脂粉。小麦扬花时节，原坡和河川铺天盖地的青葱葱的麦子，把来自土地最诱人的香味，释放到整个乡村的田野和村庄，灌进庄稼院的围墙和窗户。椿树的花儿在庞大的树冠和浓密的枝叶里，只能看到绣成一团一串的粉黄，毫不起眼，几乎没有任何观赏价值，然而香味却令人久久难以忘怀。中国槐大约是乡村树族中最晚开花的一家,时令已进入伏天,燥热难耐的热浪里,闻一缕中国槐花的香气,顿然会使焦躁的心绪沉静下来。从农历二月二龙抬头迎春花开伊始,直到大雪漫地,村庄、原坡和河川里的花儿便接连开放,各种奇异的香味便一波迭过一波。且不说那些红的黄的白的紫的各色野草和野花,以及秋来整个原坡都覆盖着的金黄灿亮的野菊。

五月是最好的时月,这当然是指景致。整个河川和原坡都被麦子的深绿装扮起来,几乎看不到巴掌大一块裸露的土地。一夜之间,那令人沉迷的绿野变成满眼金黄,如同一只魔掌在翻手之瞬间创造出来神奇。一年里最红火最繁忙的麦收开始了,把从去年秋末以来的缓慢悠闲的乡村节奏骤然改变了。红苕是秋收的最后一料庄稼,通常是待头一场浓霜降至,苕叶变黑之后才开挖。湿漉漉的新鲜泥土的垄畦里,排列着一行行刚刚出土的红艳艳的红苕,常常使我的心发生悸动。被文人们称为弱柳的叶子,居然在这河川里最后卸下盛妆,居然是最耐得霜冷的树。柳叶由绿变青,由青渐变浅黄,直到几番浓霜击打,通身变成灿灿金黄,张扬在河堤上河湾里,或一片或一株,令人钦佩生命的顽强和生命的尊严。小雪从灰蒙蒙的天空飘下来时,我在乡间感觉不到严冬的来临,却体味到一缕圣洁的温柔,本能地仰起脸来,让雪片在脸颊上在鼻梁上在眼窝里飘落、融化,周围是雾霭迷茫的素净的田野。直到某一日大雪降至,原坡和河川都变成一抹银白的时候,我抑制不住某种神秘的诱惑,在黎明的浅淡光色里走出门去,在连一只兽蹄鸟爪的痕迹也难觅踪的雪野里,踏出一行脚印,听脚下的雪发出"铮铮铮"的脆响。

我常常在上述这些情景里,由衷地咏叹,我原下的乡村。

四

漫长的夏天。

夜幕迟迟降下来。我在小院里支开躺椅,一杯茶或一瓶啤酒,自然不可或缺一支烟。夜里依然有不泯的天光,也许是繁密的星星散发的。白鹿原刀裁一样的平顶的轮廓,恰如一张简洁到只有深墨和淡墨的木刻画。我索性关掉屋子里所有的电灯,感受天光和地脉的亲和,偶尔可以看到一缕鬼火飘飘忽忽掠过。

有细月或圆月的夜晚,那景象就迷人了。我坐在躺椅上,看圆圆的月亮浮到东原头上,然后渐渐升高,平静地一步一步向我面前移来,幻如一个轻摇莲步的仙女,再一步一步向原坡的西部挪步,直到消失在西边的屋脊背后。

某个晚上,瞅着月色下迷迷蒙蒙的原坡,我却替两千年前的刘邦操起闲心来。他从鸿门宴上脱身以后,是抄哪条捷径便道逃回我眼前这个原上的营垒的?"沛公军灞上"。灞上即指灞陵原。汉文帝就葬在白鹿原北坡坡畔,距我的村子不过十六七里路。文帝陵史称灞陵,分明是依着灞水而命名。这个地处长安东郊自周代就以白鹿得名的原,渐渐被"灞陵原""灞陵""灞上"取代了。刘邦驻军在这个原上,遥遥相对灞水北岸骊山脚下的鸿门,我的祖居的小村庄恰在当间。也许从那个千钧一发命悬一线的宴会逃跑出来,在风高月黑的那个恐怖之夜,刘邦慌不择路翻过骊山涉过灞河,从我的村头某家的猪圈旁爬上原坡直到原顶,才舒出一口气来。无论这逃跑如何狼狈,并不影响他后来打造汉家天下。

大唐诗人王昌龄,原为西安城里人,出道前隐居白鹿原上滋阳村,亦称芷阳村。下原到灞河钓鱼,提镰在菜畦里割韭菜,与来访的文朋诗友饮酒赋诗,多以此原和原下的灞水为叙事抒情的背景。我曾查阅资料企图求证滋阳村村址,毫无踪影。

我在读到一本《历代诗人咏灞桥》的诗集时,大为惊讶,除了人皆共知的"年年柳色,灞陵伤别"所指的灞桥,灞河这条水,白鹿(或灞陵)这道原,竟有数以百计的诗圣诗王诗魁都留了绝唱和独唱。

> 宠辱忧欢不到情,
> 任他朝市自营营。
> 独寻秋景城东去,
> 白鹿原头信马行。

这是白居易的一首七绝。是诸多以此原和原下的灞水为题的诗作中的一首。是最坦率的一首,也是最通俗易记的一首。一目了然可知白诗人在长安官场被蝇营狗苟的龌龊惹烦了,闹得腻了,倒胃口了,想呕吐了,却终于说不出口呕不出喉,或许是不屑于说或吐,干脆骑马到白鹿原头逛去。

还有什么龌龊能淹没脏污这个以白鹿命名的原呢?断定不会有。

我在这原下的祖屋生活了两年。自己烧水沏茶。把夫人在城里擀好切碎的面条煮熟。夏日一把躺椅冬天一抱火炉。傍晚到灞河沙滩或原坡草地去散步。一觉睡到自来醒。当然,每有一个短篇小说或一篇散文写成,那种愉悦,相信比白居易纵马原上的心境差不了多少。正是原下这两年的日子,是近八年以来写作字数最多的年份,且不说优劣。

我愈加固执一点,在原下进入写作,便进入我生命运动的最佳气场。

2003年12月11日于二府庄

第三辑

白鹿回到白鹿原

经过两年多时间的筹备,我们终于迎来了今天这个喜庆的日子,坐落于白鹿原上的白鹿书院成立了。今天有这么多的作家、艺术家、专家、学者和朋友,以及关心热爱文化发展的各级领导来参加我们白鹿书院的成立庆典,特别是从维熙、张贤亮、熊召政、张日凯等几位远道而来的朋友来参加这个庆典仪式,我感到非常高兴,我在这里向各位表示诚挚的谢意!

我在长篇小说《白鹿原》里曾写到一个书院,这个书院就叫白鹿书院。小说是虚构的艺术。《白鹿原》中的人物大都是虚构的,唯有白鹿书院的山长朱先生是有生活原型的,就是清末举人、著述甚丰的学人、影响很大的蓝田人牛兆濂。白鹿书院也有真实生活依托,就是牛兆濂先生当时主持的蓝田县的芸阁学舍。如果要追溯芸阁学舍的文化脉络,渊源可以追溯到宋代,芸阁学舍是在为宋代"关学"代表人物吕大忠、吕大防、吕大均、吕大临所修"四献祠"的基础上,拓修为传道授业解惑的书院,鼎盛一时,曾有韩国留学生在此学习。2002年,我和几位学者讨论一些问题时,有学者建议,可以在白鹿原上创建一个白鹿书院,承继中华文化的脉络,弘扬其优秀品格。创建白鹿书院的构想得到了社会各方人士的热心赞赏,西安思源学院周延波院长更是大力赞同积极支持,白鹿书院从而由构想变成了现实,白鹿终于回到了白鹿原上。

在我们传统文化乃至民族心理意识里,白鹿是吉祥、和谐、纯洁、美好和超凡的一种象征性图腾,上至王宫下至庙堂乃至民居宅院都有鹿的各种生动壁画和雕刻。以白鹿来命名书院,就是想创造一种和谐纯净的学术探讨和文化研究氛围,这种和谐与探究的精神与我们所要创造和谐社会的精神是一致的。

书院是教育和学术研究机构,同时它又是一种文化和精神的象征。我们办白鹿书院,第一,承继中国传统文化精华和风神秀骨,以白鹿书院为平台,广泛团结、联系国内外的学者、评论家和作家开展游学、讲学,讨论等交流活动,让传统文化在现代化进程中焕发生机。白鹿书院诞生在古长安这块具有深厚文化底蕴的土地上,我们将会开掘源远流长的关中文脉、关学精神,探索促进传统文化向现代转型的新途径。第二,我们现有的这些人差不多都是从事文学和艺术创作和研究的人,文学和艺术只是大文化范畴里的一系,文学、艺术与社会、历史和人的生存形态,有非常紧密的关联,但只是一条途径,因此,书院的研究课题将对现实问题和人类普遍面临的问题,既从文学和艺术的角度,也从思想理论的角度,以及学术的角度进行研究和探讨,争取对我们的生活发展做出富于建设性的建树。第三,白鹿书院还会以文学和艺术为其特色,藏书、编书、教书,研讨、交流,从而对陕西、对西部乃至全国的文学事业发生影响,为促进和繁荣文学事业起到促进作用。

我们逐步开办白鹿书院网站,与陕西以及西北的文科大学联手,整合研究资源,确定研究议题,共同进行学术研究,争取与国内外文学界、学术界进行高层对话,让白鹿书院办成思想、文化交流的一条途径。

西安思源学院是中国十大万人著名民办高校,很有影响。白鹿书院依托思源而建,对双方都很有利。湖南有个岳麓书院,宋代理学家朱熹曾在那里讲过学,目前这所书院已是湖南大学的一部分,因而使湖南大学成了千年学府,提高了知名度。同样,办好了白鹿书院,将与思源学院互相促进,相得益彰。

我希望,白鹿书院能办成一个萃集各界贤达优秀思想的地方,一个能传承优秀的中国文化和传播时代新声的地方。

2005.6.28 曲江

关于一条河的记忆和想象

在我写过的或长或短的小说、散文中,记不清有多少回写到过这条河,就是从我家门前自东向西倒流着的灞河。或着意重笔描绘,或者不经意间随笔捎带提及,虽然不无我的情感渗透,着力点还是把握在作品人物彼时彼境的心理情绪状态之中,尤其是小说。散文里提到这条河,自然就是个人情感的直接投注和舒展了,多是河川里四时景致的转换和变化,还有系结在沙滩上杨柳下的记忆,无疑都是最易于触发颤动的最敏感的神经。然而,直到今年三月一日,即农历二月二的"龙抬头"日,我站在几万乡民祭祀华胥氏始祖的祭坛上的那一刻,心里瞬间凸显出灞河这条河来,也从我已往的关于这条河的点滴描述的文字里摆脱出来;我才发现这条河远远不止我的浮光掠影的文字景象,更不止我短暂生命里的沙金碎花类的记忆。是的,我站在孟家崖村的华胥氏始祖的祭台上,心里浮出来的却是距此不过三里路的灞河。

锣鼓喧天。几家锣鼓班子是周边几个规模较大的村子摆下的阵势,这是秦地关中传统的表示重大庆祝活动的标志性声响,也鼓着呈显高低的锣鼓擂台的暗劲儿。岭上和河川的乡民,大约四万余众,会集到华胥镇上来了。西安城里的人也闻讯赶来凑热闹了,他们比较讲究的乃至时髦的服饰和耀眼的口红,在普遍尚顾不得装潢自己的乡村民众的旋涡里浮沉。前日刚刚下过一场大雪。北边的岭和南边的原坡,都覆盖着白茫茫的雪,河川果园和麦田里的雪已经消融得坨坨斑斑。乡村土路整个都是泥泞。祭坛前的麦田被踩踏得翻了浆。巨大的不可抑制的兴奋感洋溢在男男女女老老少少的脸上,昨天以前的生活里的艰难和忧愁和烦恼全部都抛开了,把兴奋稀奇和欢悦呈现给擦肩挤胯而过的陌生的同类。他们肯定搞不清史学家们从浩瀚的故纸堆里翻检出来的这位华夏始祖老奶奶的身世,却怀着坚定不移的兴致来到这个祭坛下的土壕前投注一回虔诚的注目礼。

华胥镇。以华胥氏命名的镇。距现存的华胥壕遗址所在地孟家崖村不过一华里,这个古老的小镇自然最有资格以华胥氏命名了。这个镇原名油坊镇,亦称油坊街,推想当是因为一家颇具规模的榨油作坊而得名。然而,在我的印象里,连那家榨油作坊的遗迹都未见过。这个镇紧挨着灞河北岸,我祖居的村子也紧系在灞河南岸,隔河可以听见鸡鸣狗叫打架骂仗的高腔锐响。我上学以前就跟着父亲到镇上去逛集,那应是我记忆里最初的关于繁华的印象。短短一条街道,固定的商店有杂货铺、文具店、铁匠铺、理发店,多是两三个人的规模,逢到集日,川原岭坡的乡民挑着推着粮食、木柴和时令水果,牵着拉着牛羊猪鸡来交易,市声嗡响,生动而热闹。我是1953—1955年在这个镇的高级小学里完成了小学高年级教育,至今依然保存着最鲜活的记忆。我在这里第一次摸了也打了篮球。我曾经因耍小性子伤了非常喜欢我的一位算术老师的心。因为灞河一年三季常常涨水,虽然离校不过二里地,我只好搭灶住宿,睡在教室里的木楼上,夜半尿憋醒来跑下木楼楼梯,在教室房檐下流过的小水渠尿尿,早晨起来又蹲在小水渠边撩水洗脸,住宿的同学撩着水也嘻嘻哈哈着。这条水渠从后围墙下引进来,绕流过半边校园,从大门底下石砌的暗道流到街道里去了。我们班上有孟家崖村子的同学,似乎没有说过华胥氏祖奶奶的传说,却说过不远处的小小的娲氏庄,就是女娲"抟土造人"的神话发生的地方。我和同学在晚饭后跑到娲氏庄,寻找女娲抟泥和炼石的遗痕,颇觉失望,不过是别无差异的一道道土崖和一堆堆黄土而已。五十多年后的2006年的农历二月二日,我站在少年时期曾经追寻过女娲神话发生的地方,与几万乡民一起祭奠女娲的母亲华胥氏,真实地感知到一个民族悠远、神秘而又浪漫的神话和我如此贴近。我自小生活在诞生这个神话的灞河岸边,却从来没有在意过,更没有当过真。年过六旬的我面对祭坛插上一炷紫香弯腰三鞠躬的这一瞬,我当真了,当真信下这个神话了,也认下八千年前的这位民族始祖华胥氏老奶奶了。

在蓄久成潮的文化寻根热里,几位学者不辞辛苦劳顿溯源寻根,寻到我的家乡灞河岸边的孟家崖和娲氏庄,找到了民族始祖奶奶华胥氏陵。

历史是以文字和口头传说保存其记忆的。相对而言,后人总是以文字确定记忆里的史实,而不在乎民间口头的传闻;民间传说似乎向来也不在意史家完全蔑视的口吻和眼神,依然故我津津有味地延续着自己的传说。这里发生了一件有趣的事,史家的文字记载和民间的口头记忆达成默契,互相认可也互相尊重,就是发生在灞河岸边创立过华胥国的华胥氏的神话。

这点小小的却令我颇为兴奋的发现,得之于学者们从文史典籍里钩沉出来的文字资料鉴证的事实。华胥氏生活的时代称为史前文化。有文化却没有文字。没有文字,反而给神话传说的创造提供了空前绝后的繁荣空间。等到这个民族创造出方块汉字来,距华胥氏已经过去了大约五千年,大大小小的史圣司马迁们,只能把传说当作史实写进他们的著作。面对学者们从浩瀚的史料典籍里翻检钩沉的史料,我无意也无能力考证结论,只想梳理出一个粗略的脉系轮廓,搞明白我的灞河川道八千年前曾经是怎样一个让号称作家的我羞死的想象里的神话世界。

据《山海经·海内东经》说:"华胥履大人迹,于雷泽而生伏羲。"据《春秋世谱》说:"华胥氏生男名伏羲,生女为女娲。"在《竹书纪年·前篇》里的记载不仅详细,而且有魔幻小说类的情节,"太昊之母,居于华胥之渚,履巨人之迹,意有所动,虹且绕之,因而始娠。"华胥氏在灞河边上,无意间踩踏了一位巨人留下的脚印,似乎生命和意识里感受到某种撞击,那一美妙时刻,天空有彩虹缭绕,便受孕了,便生出伏羲和女娲两兄妹来。

　　据史圣司马迁《史记·五帝本纪》说,华胥氏生伏羲女娲,伏羲女娲生少典,少典生炎帝和黄帝。这样,司马迁就把这个民族最早的家庭谱系摆列得清晰而又确切。按照这个族系家谱,炎帝和黄帝当属华胥氏的嫡传曾孙,该叫华胥氏为曾祖奶奶了。被尊为"人文初祖"的轩辕黄帝,埋葬于渭北高原的桥山,望不尽的森森柏树迷弥着悠远和庄严,历朝历代的官家和民间年年都在祭拜,近年间祭祀的规模更趋隆重更趋热烈,洋溢着盛世祥和的气象。炎帝在湖南和陕西宝鸡两地均有祭奠活动,虽是近年间的事,比不得黄帝祭祀的悠久和规模,却也一年盖过一年的隆重而庄严。作为黄帝炎帝的曾祖母的华胥氏,直到今年才有了当地政府(蓝田县)和民间文化团体联手举办的祭祀活动,首先让我这个生长在华胥古国的后人感到安慰和自豪了,认下这位始祖奶奶了。

　　我很自然追问,华胥氏无意间踩踏巨人的脚印而受孕,才有伏羲女娲以至炎黄二帝。那么华胥氏从何而来?古人显然不会把这种简单的漏洞留给后人。《拾遗记》里说得很确凿,"华胥是九河神女。"而且列出了九条河流的名称。这九条河流的名称已无现实对应,具体方位更无从考据和确定。既是"九河神女",自然就属于不必认真也无须考究的神话而已。然而,《列子·黄帝》篇里记述了黄帝梦游华胥国的生动图景:"其国无帅长,自然而已,其民无嗜欲,自然而已。不知乐生,不知恶死,故无夭殇。不知亲己,不知疏物,故无所爱憎。不知背逆,不知向顺,故无利害。都无所爱惜,都无所畏忌。入水不溺,入火不热,斫挞无伤痛,指摘无痛痒。乘空如履实,寝虚若处床。云雾不碍其视,雷霆不乱其听,美恶不滑其心,山谷不踬其前,神行而已。"这是一种怎样美好的社会形态啊!其美好的程度远远超出了几千年后的现代人的想象。黄帝梦游过的华胥国的美好形态,甚至超过了世界上的穷人想象里的共产主义的美妙图景。华胥氏创造的华胥国里的生活景象和生活形态,不是人间仙境,而是仙境里的人间。这样的人间,截止到现在,在世界的或大或小的一方,哪怕一个小小的角落,都还没有出现过。黄帝的这个梦,无疑是他理想中要构建的社会图像。然而要认真考究这个梦的真实性,就茫然了。我想没有谁会与几千年前的一个传说里的神话较真,自然都会以一种轻松的欣赏心情看取这个梦里的仙境人间。我却无端地联想到半坡遗址。

　　黄帝梦游过的华胥氏创建的令人神往的华胥国,即今日举行华胥氏祭祀盛会的灞河岸边的华胥镇这一带地域。由此沿灞河顺流而下往西不过十公里,就是中国第一座史前遗址博物馆——西安半坡遗址。这是黄河流域一个典型而又完整的母系氏族公社时期的生活图景。有聚居的村落。有用泥块和木椽搭建的房子。房子里有火道和火炕。这种火炕至今还在我的家乡的乡民的屋子里继续使用着。我落生到这个世界的头一个冬天就享受着火炕的温热,直到20世纪80年代初用电热褥取代了火炕。半坡人制作的鱼钩和鱼叉,相当精细,竟然有防止上钩和被叉住的鱼逃脱的倒钩。他们已经会编席,也会织布,这应该是中国最早的编织品,编和织的技术是他们最先创造发明出来的。他们毫无疑义又是中国制陶业的开山鼻祖,那些红色、灰色和黑色的钵、盆、碗、壶、瓮、罐和瓶的内里和陶盖上单色或彩绘着的鱼张着大嘴,跳跃着的鹿,令我叹为观止。任你撒开想象的缰绳张开想象的翅膀,想象六千多年前聚集在白鹿原西坡根下浐河岸边的这一群男女劳动生产和艺术创造的生活图景。他们肯定有一位睿智而又无私的伟大的女性作为首领,在这方水草丛林茂盛,飞禽走兽鱼蚌稠密的丰腴之地,进行着人类最初的文明创造。这位伟大的女性可是华胥氏?半坡村可是华胥国?或者说华胥氏是许多个华胥国半坡村里无以数计的女性首领之中最杰出的一位?或者说是在这个那个诸多的半坡村伟大女性首领基础上神话创造的一个典型?

这是一个充满迷幻魔幻和神话的时期。半坡遗址发掘出土的一只红色陶盆内侧,彩绘着一幅人面鱼纹图案,大约是魔幻现实主义的创始之作,把人脸和鱼纹组合在一幅图画上,比拉美魔幻小说里人和甲虫互变的想象早过六千多年,现在还有谁再把人变成狗的细节写出来或画出来,就只能令当代读者和看客徒叹现代人的艺术想象力萎缩枯竭得不成样子了。我倒是从那幅人面鱼纹彩绘图画里,联想到伏羲和女娲。华胥氏无意踩踏巨人脚印受孕所生的这一子一女,史书典籍上用"蛇身人首"来描述。"蛇身人首"和"人面鱼纹"有无联系?前者是神话创造,后者却是半坡人的艺术创作。我在赞叹具备"人面鱼纹"这样非凡想象活力的半坡人的同时,类推到距半坡不过十公里的华胥国的伏羲女娲的"蛇身人首"

的神话,就觉得十分自然也十分合情理了。浐河是灞河的一条较大的支流,灞河从秦岭山里涌出,自东向西沿着北岭和南原(白鹿原)之间的川道进入关中投入渭河,不过百余公里,浐河自秦岭发源由南向北,在古人折柳送别的灞桥西边投入灞河。我便大胆设想,在灞河和浐河流经的这一方地域,有多少个先民聚集着的半坡村,无非是没有完整保存下来或未被发现而已,半坡遗址也是在20世纪50年代初兴建纺织厂挖掘地基时偶然发现的。华胥国其实就是又一个半坡村,就在我家门前灞河对岸二里远的地盘上,也许这华胥国把我的祖宗生活的白鹿原北坡下的这方宝地也包括在内。据史家推算,华胥氏的华胥国距今八千多年,半坡村遗址距今六千多年,均属人类发展漫长历程中的同一时期。神话和魔幻弥漫着整个这个漫长的时期,以至五千年前的我们的始祖轩辕黄帝,也梦牵魂绕出那样一方仙境里的人间——曾祖母华胥氏创造的华胥国。

告别华胥氏陵祭坛,在依然热烈依然震天撼地的锣鼓声响里,我陡增起对祭坛前这条河的依恋,便沿着灞河北岸平整的国道溯流而上。大雪昨日骤降骤晴。灿烂的丙戌年二月二龙抬头日的阳光如此鼓荡人的情怀。天空一碧如洗。河南岸横列着的白鹿原的北坡上的大大小小的沟壑,蒙着一层厚厚的柔情的雪。坡上的洼地和平台上,隐现着新修的房屋白色或棕色的瓷片,还有老式建筑灰色瓦片的房脊。公路两边的果园和麦地,积雪已融化出残破的景象,麦苗从融雪的地坨里露出令人心颤的嫩绿。柳树最敏感春的气息,垂吊的丝条已经绣结着米黄的叶芽了。我竟然追到蓝田猿人的发现地——公王岭——来了。

这是一阶既不雄阔也不高迈的岭地,紧依着挺拔雄浑的秦岭脚下,一个一个岭包曲线柔缓。灞河从公王岭的坡根下流过,河面很窄,冬季里水量很小,看去不过像条小溪。就是这个依贴着秦岭绕流着灞水的名不见经传的公王岭,一日之间,叫响了整个中国,乃至世界,进入中学历史课本,把公王岭发现的蓝田猿人铸入一代又一代人的常识性记忆。这是在中国迄今发现最早的人类化石遗存,刚刚从猿蜕变进化到可以称作人的蓝田猿人,距今大约 115 万年。

这个蓝田猿人化石的发现,带有很大的偶然性,或者正应了"踏破铁鞋无觅处,得来全不费功夫"的老话。1963 年春天,中科院古脊椎动物与人类研究所的一行专家,到蓝田县辖的灞河流域作考古普查。这是一个冷门学科里最冷的一门,别说普通乡民摇头茫然,即使有一定文化知识的当地教师干部,也是浑然不知茫然摇头。他们用当地人熟知的龙骨取代了化石,一下子就揭去了这个高深冷僻的冷门里神秘的面纱,不仅大小中药铺的药匣子里都有储备,掌柜的都精通作为药物的龙骨出自何地,蓝田北岭和原坡地带随处都有;被他们问到的当地识字或不识字的农民,胳膊一抡一指,烂龙骨嘛,满岭满坡踢一脚就踢出一堆。话说得兴许有点夸张。然而灞河北岸的岭地和南岸的白鹿原的北坡,农民挖地破山碰见龙骨屡见不鲜,积攒得多了就送到中药铺换几个零钱,虽说有益肾补钙功效,却算不得珍贵药材,很便宜的。农家几乎家家都有储备,有止血奇效。我小时割草弄破手指,大人割麦砍伤脚腕,取出龙骨来刮下白色粉末敷到伤口上,血立马止住不流,似乎还息痛。我便忍不住惋惜,说不定把多少让考古科学家觅寻不得的有价值的化石,在中药锅里熬成渣了,刮成粉末止了血了。

这一行考古专家在灞河北边的山岭上踏访寻觅,终于在一个名叫陈家窝的村子的岭坡上,发现了一颗猿人的牙齿化石,还有同期的古生物化石,可以想象他们的兴奋和得意,太不容易又太意外地容易了。由此也可以想到这里蕴积的丰厚,真如农民说的一脚能踢出一堆来。这一行专家又打听到灞河上游的古老镇子厚镇周围的岭地上龙骨更多,便奔来了。走过蓝田县城再往东北走到三十多里处,骤然而降的暴雨,把这一行衣履不整灰尘满身的北京人淋得避进了路边的农舍,震惊考古史界的事就要发生了。

他们避雨躲进农舍,还不忘打听关于龙骨的事。农民指着灞河对岸的岭坡说,那上头多得很。他们也饿了,这里既没有小饭馆就餐,连买饼干小吃食的小商店也没有,史称"三年困难"的恶威尚未过去。他们按"组织纪律"到农民家吃派饭,就选择到对面岭上的农家。吃饭有了劲儿,就在村外的山坡上刨挖起来,果然挖出了一堆堆古生物化石,又挖出一颗猿人牙齿。他们把挖出的大量沉积物打包运回北京,一丝一缕进行剥离,终于剥离出一块完整的猿人头盖骨化石,震惊考古学界的发现发生了。这个小岭包叫公王岭。我站在公王岭的坡头上,看岭下公路上川流着的各种型号的汽车,看背后蒙着积雪的一级一级台田。想着那场逼使考古专家改变行程的暴雨。如果他们按既定目标奔厚镇去了,所得在难以估计之中,这个沉积在公王岭砾石里的猿人头盖骨化石,可能在随后的移山造田的"学大寨"运动中被填到更深的沟壑里,或者被农民捡拾,进了药铺下了药锅熬成药渣,或者如我一样刮成粉末撒到伤口永远消失。这场鬼使神差的暴雨,多么好的雨。

我在公王岭陈列室里,看到蓝田猿人头盖骨复原仿制品,外行看不出什么绝妙,倒是对那些同期的古生物化石惊讶不已。原始野生的牛角竟有七十多厘米长,人是无论如何招不住那牴角一触的。作为更新世动物代表的猛犸象,一颗獠牙长到二十多厘米,直径粗到十余厘米,真是巨齿了,看一眼都令人毛骨悚然。还有剑齿虎,披毛犀,单是牙齿和牴角,就可以猜想其庞然大物的凶猛了。我便联想到 20 世纪 70 年代初,我下乡驻队在白鹿原北坡一个叫龙湾的村子里。那是一个寒冷异常的冬天,在北方习惯称作冬闲季节,此时倒比往常更忙了,以平整土地为主项的"学大寨"运动正在热潮中。忽一日有人向我通报,说挖高垫低平整土地的社员挖出比碾杠还粗的龙骨。随之,打电话报告了西安有关考古的单位,当即派专家来,指导农民挖掘,竟然挖出一头完整的犀牛的化石,弥足珍贵。龙湾村距公王岭不过四十公里,当属灞河的中偏下游了。可以想见,一百万年前的灞河川道,是怎样一番生机盎然生动蓬勃的景象。这儿无疑属于热带的水乡泽国,雨量充沛,热带的林木草类覆盖着山岭原坡和河川。灞河肯定不止现在旱季里那一绺细流，也不会那么浑，在南原和北岭之间的川道里随心所欲地南弯北绕涌流下去。诸如剑齿虎、猛犸象、原始野牛和披毛犀牛等兽类里的庞然大物，傲然游荡在南原北岭和河川里。已经进化为人的猿人的族群，想来当属这些巨兽横行地域里的弱势群体，然而他们的智慧和灵巧，成为生存的无可比拟的优势。他们继续着进化的漫漫行程。

  从公王岭顺灞河而下到50公里处，即是灞河的较大支流浐河边上的半坡氏族村落遗址。从公王岭的蓝田猿人进化到半坡人，整整走过了一百多万年。用一百多万年的时间，才去掉了那个"猿"字，成为真正意义上的人，真是太漫长太艰难了。我更为感慨乃至惊诧的是，不过百余公里的灞河川道，竟然给现代人提供了一个完整的从猿进化到人的实证；一百多万年的进化史，在地图上无法标识的一条小河上完成了。还有华胥氏和她的儿女伏羲女娲的美妙浪漫的神话，在这条小河边创造出来，传播开去，写进史书典籍，传播在一个有五千年文明史的民族的口头上。这是怎样的一条河啊！

  这是我家门前流过的一条小河。

  小河名字叫灞河。

2006.4.12 二府庄

陪一个人上原

电话里响着一个陌生的声音,开门见山:"我是北京人艺林兆华。"我在意料不及的瞬间本能地噢了一声,随口回应:"你是大导演呀,我知道。"接着再没有寒暄和客套,他就说起要把《白鹿原》改编成话剧的设想。我只是确定了小说《白鹿原》被大导演林兆华相中改为话剧的事,自然是一种新鲜而又欣然的愉悦,都不太用心听他说有关改编的纯粹的具体事务了;倒是欣赏起他说话的声音,温厚绵软而又简洁,没有盛气,更没有夸夸,自始至终没有一句新名词。我之所以敏感他的说话方式,似乎是某种先入为主的印象,我虽然是几年也难得看到一场话剧演出的与戏剧隔得老远的门外汉,却早已闻知林兆华的大名,尤其知晓他是一位艺术观念颇为新潮的导演。我依积久的经验自然地作为参照和推想,不料却令我诧异,竟不见一句新潮词汇,而且声音如此温厚如此平实,可以信赖的踏实感就在短短的第一次通话里形成了。

随后就有了第一次见面。那是几年前的早春时节,我把几件事挪攒到一起赶到北京。西安已经是柳絮绽黄迎春花开的气象,北京还裹在丝毫不见松懈的寒冷里。我找到北京人艺门口,看见一个小小的"北京人民艺术剧院"的牌子,注目许久,顿生慨叹,真正的名牌依然保持着原有的标徽,当是一种自信。我第一眼瞅见林兆华导演同时握住手的时候,电话里的印象迅即延伸为一个更令人意料不及的具象,一个号称"中国话剧第一导"的又以现代派闻名的人,不见披肩长发,没有垂胸的胡须或别致的短髭,却是灰塌塌的不经任何修饰的本色寸发,还有不显线条也不见棱角的对襟纽扣的布褂。我在那一刻暗自发笑,文艺界的朋友调侃我的脸是关中老汉的典型代表,我也在记者关于电影《白鹿原》采访的提问里自我调侃,我最适宜演老年的长工鹿三。我突然发现握着手的林兆华,如果走进关中乡村的任何一个村子,那里的农民会以为是一位老亲友来了。他的对襟布褂和看不见裤缝的裤子,更触发得我一时眼热,我自小一直穿这种家母织布家母染色家母缝制的褂子和裤子,穿到高中毕业都换不出一件新式样,照毕业相片时借同学的一件制服上装改换了一回装束。我虽向来不打领带极少着西装,却也再没有穿这种老式对襟衫褂的兴趣,包括花样翻新的"唐装"。我在握着这位新结识的大导演的手时,又生出一层慨叹,一个以探索现代新潮话剧导演风格闻名的人,却用过时的中国乡村最传统的民间服饰打扮包装自己,割裂了矛盾了,还是某种天然的融汇和统一?抑或纯粹属于生活习性?然而确凿无疑的一点,以服装的式样和须发的长短来判断一个艺术家精神气象的明暗,看来难免会出意外的。

我已经记不清他来过西安几趟了。印象深的有两次。他要上白鹿原上去观察感受那里的天象地脉气韵，我完全能理解。我做向导，从灞桥区辖的原的西坡上去，直到蓝田县辖的原的东头下了北坡，沿着灞河川道途经我的隔河相望的家门再回到西安城里。我按他的意趣指向，进一个村子又找到另一个村子，寻找20世纪50年代以前的民居住宅，还有家族的祠堂，还有接近类似小说主人公白嘉轩经济实力的宅基房屋的规模和样式。令他也令我遗憾的是，20世纪50年代到60年代成片成堆的土坯墙小灰瓦的大房和厦屋已经很少了，几乎是一色的装饰着瓷片的水泥平房或二层小楼房。祠堂连一座也没有找到，所答几乎众口一词，早都拆了。林兆华仍不死心，我更是觉得过意不去。无论如何，我还是为这个原上的乡亲庆幸，他们终于有了一砖到顶机瓦或楼板覆盖的结实而又美观的新房子，基本实现了独门独户，几乎见不到三家五家乃至八家拥挤一院的穷酸相了，无论种田植果树抑或出苦力打工，尽管比不上城里人生活水平提升幅度大，总是比改革开放前几十年好得远了。至于旧房老屋之无存，让林导难以感受贫穷乡村的氛围，自是不成遗憾的遗憾。我们终于找到一家古旧的房屋，可以看出曾经是颇有点经济实力也就比较讲究的建筑，迎面的门板是宽幅的木扇，门板上有简单的格子雕刻。经打问得知，建造这房子的业主，是一位手艺超群的刻字匠，曾给民国时代的几多要员刻过墓碑铭记，收入自然优于乡民，房子就讲究了。林兆华当即就拍板：

"这个门和窗子我要了。"房主人说了这个旧房马上就要拆掉,林导嘱咐把门窗妥为保管。进得屋里,有木板镶成的木楼,早已被烟熏成黑色。一架宽板木梯搭在后墙边,两根梯柱原为一根粗大的木头,用锯居中锯为两半,镶着一块一块宽约尺余的踏板,比那些木条梯子豪华气派多了。我家曾经有一架木板梯子,与这架梯子几乎出于同一个木匠之手。林兆华又是一句:"这梯子我也要了,给我保护好。"出门到了乡村街道里,他便告诉我这些东西将做何用场,在于展示旧时乡村的一种逼真的景象。我却想到,这个人现在脑子里整个转着一部戏,随即都有最敏锐的招儿在触景中冒出来。不能忘记的是下到原上的一条沟底的兴奋场景。这个沟里原有的民居几乎都是窑洞,整个村庄搬迁到原上的平地里去了,无法搬动的土窑洞留下一片败落和荒凄,倒塌的窑院围墙,杂草野树丛生的院落,一孔孔或大或小的被烟熏黑的窑洞。林兆华一看见就惊叫起来:"这就是小娥和黑娃住的窑洞呀!"他一个接一个察看卸掉门窗的空洞的窑,始终兴奋不已。我便提示他,这就是关中一些坡崖沟坎地区的窑洞,比较高,比较宽大,更显得深。我作为比较的对象是陕北的窑洞,一般比较低矮比较窄小也比较浅,却比较精致。我开玩笑说,千万不要把小娥和黑娃的窑洞,在布景上搞成毛泽东在陕北住过的那种窑洞的样式。

去年夏天,正是西安酷热难熬的伏季,林兆华领着剧组二十多号男女演员来到西安。我把他们安排在原坡下浐河边的半坡饭店,图得演员上原到乡村体验生活方便。灞桥区文化局给予精细周到安排。观众喜爱的濮存昕等演员上到原上,几乎每个人在到达原上时都发出同一声感叹,噢!这就是原。原是西北特有的一种地理地貌,不过就是一个小平原而已。阅读小说所发生的对"原"的神秘和不可理喻,瞬间就成为一种真实的感觉和体验,如同我初见南方的小桥流水和水上人家的感觉。这些北京来的演员大多在电视电影里出现过,被偏远的原上的乡民指点出来,受到最诚朴的欢迎。他们走村串户,看当地的男人走路的姿势,说话的口吻和身体动作语言,看女人如何烧火做饭,管教儿女,看得津津有味。我陪他们看了两家颇气魄的老宅旧院,一家仍有人住,一家已荒废,都是青砖包墙方砖铺地的四合大院,尽管陈旧破败,依然可见当年的品格。这两家的主人都是乡村中医,我自小就听说过他们的名字,川原上下不幸生病的人都上门求救。他们的子孙大多已在西安或外省安家立业,留在乡村的人也已另择新居地。林兆华在这两个院子里踏勘。我猜想,他大约在琢磨让白嘉轩还是鹿子霖主掌这样的庭院?濮存昕也始终笑眯眯地,看那过道里生动的砖雕,是否还是他——白嘉轩当年刻意的镶嵌?他将如何进入这个庭院并演绎他的人生?

相聚过来的男女乡民,在街道上或立或蹲。濮存昕也学着村民站一会儿又蹲一会儿,东拉西扯着闲话。我陪着林导和濮存昕,在树荫下在房檐下和南枝村的老少闲聊。这个村分白姓和魏姓两大宗族,有人悄悄向我探问,你书里写的白家是不是俺村的白姓,鹿家是不是俺村的魏姓。我说不是。他反而不信,又问,为啥你写的白家和鹿家的事跟俺村××和××的事情那么相像？我说我是瞎编的，偶合了。我随后和林导、濮存昕到一户农家吃午饭，煎饼卷黄瓜丝和洋芋丝，是地道的农家灶锅烹饪的食品，林、濮都吃得很新鲜，似乎还说这样可口的饭菜拿到北京去卖，生意会很火。

林导提出要看纯粹的民间演出的秦腔。不费多少力气就召唤来一批男女唱家。这些人农忙时务庄稼，农闲时组合在一起，到乡间的庙会集市去演唱，也为新婚庆典和丧事葬礼演唱，有报酬，却不高。其中一些男女唱家已唱出影响，在方圆几十里乡村甚为闻名。我担心这些业余唱家达不到林导要求，还联系来西安几位年轻的专业演员。演唱一毕，林导就拍板了，就是这个就是那个还有某某……全是业余唱家。我大略领会他的意图，在话剧几个主要情节转折处，插唱一段或三五句秦腔唱段，要乡野里这种原生形态的唱法和腔调，太完美的专业演员的唱腔不适宜话剧的乡土气氛。同时请来了华阴县的"老腔"演唱班子，也是纯一色的农民，他们保存着流传在华山脚下一种几乎失传的古老唱腔，乐器也区别于秦腔，更为苍凉悲壮。我看着林导目不转睛的神情，想到他已经入迷了。果然他兴奋地拍了板。这个老腔早已在张艺谋的电影里作为衬底的旋律，正恰切不过地流动着关中这块土地沉重苍凉浑厚的底蕴。林兆华敏锐地感知到了，这从他的专注沉迷的神色里显示出来。

我后来到北京人艺，参加了《白》剧的新闻发布会。我看到了林兆华的自信。他的自信溢于言语和神色。这应该是我参加这次活动的最富实际意义的收获。还有宋丹丹的发言,她说林导告知她出演田小娥一角的第二天,就去健身房减肥健身了。她婉谢了电视剧邀约。我也深受感动,艺术创造的意义和价值,不是经济实惠所可完全改变一切艺术家的。

我在把话剧改编应诺给林兆华导演的时候,基于纯粹的我对写作的一种理解,我写小说的一个基本目的,就是要争取与最广泛的读者完成交流和呼应。我从短篇写到中篇再写到长篇,这个交流和呼应的层面逐渐扩大,尤其到《白》书的出版和发表,读者的热情和热烈的呼应,远远超出了我写作完成之时的期待。我以为这是对我的最好回报,最高奖励。即:在于作家通过作品所表述的关于历史或现实的体验和思索,得到读者的认可,才可能引发那种呼应,这就奠定了一部作品存活的价值,也就肯定了作家的思考和劳动的意义。话剧将是完成《白》书与观众交流的另一种形式。小说阅读是一种交流形式,话剧舞台的立体式的活生生的表演是迥然不同的交流形式,有文字阅读无法替代的鲜活性,以及直接的情感冲击。这与我创作的初衷完全一致,我自己甚至也觉得新奇而又新鲜:看到活跃于舞台上的白嘉轩们当是怎样一种感觉?濮存昕创造的白嘉轩和宋丹丹创造的田小娥当会和观众完成怎样的交流和呼应?

我几乎没有提出任何条件性的要求。我唯一关注的是能体现我创作小说的基本精神就行了。我知道话剧很难在有限的时间里演绎所有情节,取舍是很难的事。我相信林导和编剧,让他们作艺术处理吧。我在初见林兆华的交谈里,领受到他对《白》书的深层理解,已经产生最踏实的信赖,连"体现原作精神"的话都省略不说了。

我记下与林兆华导演几次接触中的印象,在于体察和理解一位艺术大家,如何完成他艺术世界里的一次新的创造理想。我在写完《白》书最后一行句子就宣布过,我已经下了那个原了。林兆华导演却上了原。我期待看到他创造的白鹿原上的新景观。

2006.5.14 雍村

父亲的树

又有两个多月没有回原下的老家了。离城不过五十华里的路程,不足一小时的行车时间,想回一趟家,往往要超过月里四十的时日,想来也为自己都记不清的烦乱事而丧气。终于有了回家的机会,也有了回家的轻松,更兼着昨夜一阵小雨,把燥热浮尘洗净。也把心头的腻洗去。

进门放下挎包,先蹲到院子拔草。这是我近年间每次回到原下老家必修的功课。或者说,每次回家事由里不可或缺的一条。春天夏天拔除院子里的杂草,给自栽的枣树柿树和花草浇水;秋末扫落叶,冬天铲除积雪,每一回都弄得满身汗水灰尘,手染满草的绿汁。温习少年时期割草以及后来从事农活儿的感受,常常获得一种单纯和坦然,甚至连肢体的困倦都是另一番滋味的舒悦。

前院的草已铺盖了砖地,无疑都是从砖缝里冒出来的。两月前回家已拔得干干净净。现在又罩满了,有叶子宽大的草,有秆子颇高的草,有顺地扯蔓的草,吓得孙子旦旦不敢下脚,只怕有蛇。

他生在城里,至今尚未见过在乡村土地上爬行的蛇,只是在电视上看过。他已经吓得这个样子,却不断问我打过蛇没有,被蛇咬过没有。乡村里比他小的孩子,恐怕没有谁没见过蛇的,更不会有这样可笑的问题。我的哥哥进门来,也顺势蹲下拔草,和我间间断断说着家里无关紧要的话。我们兄弟向来就是这样,见面没有夸张的语言行为,也没有亲热的动作,平平淡淡里甚至会让生人产生其他猜想,其实大半生里连一句伤害的话从来都没有说过,更谈不到脸红脖子粗的事了。世间兄弟姊妹有种种相处的方式,我们却是于不自觉里形成这种习惯性的状态。说话间不觉拔完了草,堆起偌大一堆,我用竹笼纳了五笼,倒在门前的场塄下,之后便坐在雨篷下说闲话,懒得烧水,幸好还有几瓶啤酒,当着茶饮,想到什么人什么事,有一搭没一搭地聊着。还有一位村子里的兄弟,也在一起喝着扯着闲话。从雨篷下透过围墙上方往外望去,大门外场塄上的椿树直撑到天空。记不清谁先说到这棵树,是说这椿树当属村子里现存的少数几棵最大的树,却引发了我的记忆,当即脱口而出,这是咱伯栽的树。这话既是对哥说的,也是对那位弟说的。按当地习俗,兄弟多的家族,同一辈分的老大,被下辈的儿女称伯,老二被称爸,老三老四等被称大。有的同一门族的人丁超常兴旺,竟有大伯二伯三伯大爸二爸三爸和大二大三大到八大的排列。这里的乡俗很不一般,对长辈的称呼只有一个字,伯、爸、大、叔、妈、娘、姨、舅、爷等,绝对没有伯伯、爸爸、大大、妈妈、娘娘、姨姨、爷爷、舅舅等的重复啰唆……我至今也仍然按家乡习惯称父亲为伯。父亲

父亲的树

在他那一辈本门三兄弟里为老大,我和同辈兄弟姐妹都叫一个字:伯。如此说来,这文章的标题该当是:伯的树。

我便说起这棵椿树的由来。大约是"三年困难"最困难的1960年或是1961年,我正上高中,周日回到家,父亲在生产队出早工回来,肩上扛着镢头。手里攥着一株小树苗。我在门口看见,搭眼就认出是一株椿树苗子。坡地里这种野生的椿树苗子到处都有,那是椿树结的荚角随风飘落,在有水分的土壤里萌芽生根,一年就可以长到半人高的树秧子。这种树秧如长在梯田塄坎的草丛中,又有幸不被砍去当柴烧,就可能长成一棵大椿树;如若生长在坡地梯田里,肯定会被连根挖除晒干当作好柴火,怕其占地影响麦子生长。父亲手里攥着的这根椿树苗子是一个幸运者,它遇到父亲,不是被扔在门前的场地上晒干了当柴烧,而是要郑重地栽植,正经当作一棵望其成材的树了,进入郑重的保护禁区了;也自这一刻起,它虽是普通不过平凡不过的一种树,却已经有主了,就是父亲。父亲给我吩咐,你去担水。他说着就在我家门前的场塄边上挖坑。树只是个秧儿,无须大坑,三镢头两铁锨就已告成,我也就没有要替父亲动手,而是按他的指令去担水。那时候我们村里吃的是泉水,从村子背后的白鹿原北坡的东沟流下来,清凌凌的,干净无染。泉水在村子最东头,我家在村子顶西边,我挑一回水,最快也需半小时。待我挑水回来,父亲早已挖好坑儿,坐在场塄边儿上抽旱烟。他把树苗置入一个在我看来过大的土坑里。我用铁锨铲土填进坑里,他把虚土踩踏一遍,让我再填,他再踩踏。他教我在土坑外沿围一圈高出地面的土梁,再倒进水去。我遵嘱一一做好,看着土坑里的水一层一层低下去,渗入新填的新鲜土坑里,成活肯定是毫无一丝疑义。父亲又指示我,用酸枣刺棵子顺着那个小坑围成一圈栽起来,再用铁丝围拢固定,恰如篱笆,保护小椿树秧子,防止猪拱牛抵羊啃娃娃掐折。我从场边的柴堆上挑选出一根一根较高的业已晒干的酸枣棵子(这是父亲平时挖坡顺手捡回来的),做着这项防护措施。父亲坐在地上抽烟,看着我做。我却想到,现在属于父亲领地的,除了住房的庄基,就是这块附属于庄基地门前的这一小片场地了,充其量有二厘地。下了这个场塄,就是统归集体的土地了。父亲要在他可以自主掌控的二厘场地上,栽种一棵椿树。

我对父亲的一个尤为突出的记忆,就是他一生爱栽树。他是个农民,种玉米种麦子务弄棉花是他的本职主业,自不必说,而业余爱好就是栽树。我家在河川的几块水地,地头的水渠沿上都长着一排小叶杨树。水渠里大半年都流淌着从灞河里引来的自流水,杨树柳树得了沃土好水的滋养,迎着风如手提般长粗长高。随意从杨树或柳树上折一根枝条,插到渠沿的湿泥里,当年就长得冒过人头了,正如民间说的"三年一根椽,五年长成檩"的速度。20世纪50年代中期以前,我的父亲就指靠着他在地头渠沿培植的这些杨树,供给先后考上高小和初中的哥和我的学杂费用。那时的小学高年级。我都是住宿搭灶的学生。父亲把杨树齐根斫下来。卖了椽子,七八毛钱一根,再把树根刨出来,剁成小块。晒干,用两

父亲的树

只大老笼装了,挑过灞河,到对岸的油坊镇上去卖,每百斤可卖一块至一块两毛钱。我至死都不会忘记50年代中期的这两项货物——椽子和木柴的市场价格。无须解释原因,它关涉我能否在高小和初中的课堂上继续坐下去。父亲在斫了树干刨了树根的渠沿上,当即就会移栽或插下新的杨树秧或树枝,期待三年后斫下一根椽子卖钱。父亲卖椽卖柴供两个儿子念书的举动无意间传开,竟成为影响范围很宽的事。直到现在,我偶尔遇到一些同里乡党,见面还要感叹几句我父亲当年的这种劳动,甚至说"你伯总算没有白卖树卖柴"的话。不久,农村实行合作化以后,土地归集体,父亲也无树根可刨了。我就是在那一年休了学,初中刚念了一个学期。不过,我那时并不以为休学有多么严重,不过晚一年毕业而已,比起班上有些结婚和得了儿女的同学,我是年龄最小的一个。这是解放后才获得念书机会的乡村学生的真实情况,结婚和生孩子做父母的初一学生每个班都有几个,不足为奇。

  我在每个夏天的周日从学校回到家中,便要给父亲的那棵椿树秧子浇一桶水。这树秧长得很好,新发出的嫩枝竟然比原来的杆子还粗,肯定是水肥充足的缘由。某一个周六下午我回家走到门口,一眼望见椿树苗新冒出的嫩枝折断了头,不禁一惊,有一种心疼的惋惜,猜想是被谁撞折了,或被哪个孩子掐折了。晚上父亲收工回来吃晚饭时,说是一个七八岁的骚娃(调皮捣蛋的娃)用弹弓打断的。父亲说,娃嘛! 就是个骚娃喀,用弹弓耍哩瞄准哩,也不好说他啥。后来就在断折处,从东西两边发出两枝新芽来,渐渐长起来。我曾建议父亲,小树不该过早分杈,应该去掉一枝,留下一枝才能长高长直。父亲说,先不急,都让长着,万一哪个骚娃再折掉一枝,还有一枝。父亲给骚娃们留下了再破坏的余地,我就不仅仅是听从了,还有某点感动。再说这椿树秧子刚冒出来便遭拦头折断的打击,似乎憋了气,硬是非要长出一番模样来,从侧旁发出的两根新芽更见茁壮,眼见着拔高,竞相比赛一般生机勃勃。父亲怕那细杆负载不起茂盛的叶子,一旦刮风就可能折断,便给树干捆绑一根立杆,帮扶着它撑立不倒不折。这椿树便站立住了。无意间几年过去,我高考名落孙山回乡当了民办教师,为生活为前程多所波折,似乎也不太在意它了,这椿树已长得小碗粗了。小碗粗的椿树已经在天空展开枝杈和伞状的树冠,却仍然是两根分枝,父亲竟没有除掉任何一根,他说越长越不忍心砍那多余的一根分枝了,就任其自由生长。这椿树得了父亲的宽容和心软,双枝分杈的形态就保持下来,直到现在都合抱不拢的大树,依然是对称平衡的双枝撑立在天空,成为一道风景,甚至成为一种标志。有找我的人向村人问路,最明了的回答就是,门口场塄有一棵双杈椿树。

到 20 世纪 80 年代初始,生活已发生巨大转机,吃饱穿暖已不再成为一个问题的好光景到来时,我已筹备拆掉老朽不堪的旧房换盖新房了,不料父亲发生了绝症。他似乎在交代后事。对我说,场塄上那棵椿树,可以伐倒做门窗料。我知道椿树性硬却也质脆,不宜做檩当梁,做门窗或桌椅却是上好木材。父亲感慨说,我栽了一辈子树,一根椽子都没给自家房子用过,都卖给旁人盖房子了,把这椿树伐下来,给咱的新房用上一回。我听了竟说不出话,喉头发哽。缓解一阵后,我对父亲说,门窗料我会想办法购买(那时木材属统购物资),让椿树长着。我说不出口的一句话是,父亲留给我的活物,就只剩下这一棵椿树了。不久,父亲去世了,椿树依然蓬勃在门外的场塄上。80年代初,我随之获得专业写作的机会,索性回到原下老家图得清静,读书写作,还住在遇到阴雨便摆满盆盆罐罐接漏的老屋里,还继续筹备盖房。某一天,有两三个生人到村子里来寻买合适的树,一眼便瞅中了我父亲的这棵椿树,向村人打听树的主人。村人告诉说,那主家自己准备盖房都舍不得伐它,你恐怕也难买到手。买家说可以多掏一些钱,随之找到我,说椿树做家具是好材料,盖房未必好,可以多给一些钱,让我去选购松木这些上好的盖房材料,并说明他们是做家具卖的生意人。我自然谢绝了。这是绝无商议余地的事。我即使再不济,也不能把父亲留给我的最后一棵树砍了。这椿树就一直长着,直到现在。每隔一段时日抽空回到老家,到门口第一眼看到的就是这棵椿树,父亲就站在我的眼前,树下或门口;我便没有任何孤独空虚,没有任何烦恼,没有任何腌臜的事能够把人腻死……

我和我哥坐在雨篷下聊着这棵椿树的由来。他那时候在青海工作,尚不清楚我帮父亲栽树的过程。他在"大跃进"的头一年应招到青海去了,高中只学了一年就等不得毕业了,想参加工作挣钱了。其实,还是父亲在这时候供给着两个中学生,可以想见其艰难。我是依靠着每月八元的助学金在读书,成为我一生铭记国家恩情的事。"大跃进"很快转变为灾难,青海兴建的厂矿和学校纷纷下马关门,哥和许多陕西青年一样无可选择又回到老家来,生产队新添一个社员。哥听了我的介绍,却纠正我说,这椿树还不是最老的树,父亲栽的最老的树要算上场里地角边的皂荚树。那是刚刚解放的20世纪50年代初,我们家诸事不顺,我身后的两三个弟妹早夭,有一个刚生下六天得一种"四六风症"死去,有一个妹妹和一个弟弟都长到三四岁了,先后都夭亡了。家养一头黄牛,也在一场畜类流行瘟疫里死了。父亲惶恐里请来一位阴阳先生,看看哪儿出了毛病。那阴阳先生果然神奇,说你家上场祖坟那块地的西北角太空了,空了就聚不住"气",邪气就乘虚而入了。父亲吓得不知如何是好,急问如何应对如何弥补。阴阳先生说,栽一棵皂荚树。并且解释,皂荚树的皂荚可以除污去垢,而且树身上长满一串串又粗又硬的尖刺,更可以当守护坟园的卫士。父亲满心诚服,到半坡的亲戚家挖来一株皂荚树秧子,栽到上场祖坟那块地的西北角上,成活了也长大了,每年都结着迎风撞响的皂角儿。这皂荚树其实弥补得了多少空缺是很难说的,因为后来家里也还出过几次病灾,任谁都不会再和阴阳先生去验证较真了。这儿却留下一棵皂荚树,父亲的树,至今还长着,仍然是一年一树繁密的皂角,却无人摘折了,农民已经不用皂角洗涤衣服,早已用上肥皂洗衣粉之类。哥说了父亲的这棵皂荚树,我隐约有印象,不如他清楚,我那时不太在心,也太小。现在,在祖居的宅院里,两个年过花甲的兄弟,坐在雨篷下,不说官场商场,不议谁肥谁瘦,也不涉水涨潮落,却于无意中很自然地说起父亲的两棵树。父亲去世已经整整二十五年，他经手盖的厦屋和他承继的祖宗的老房都因朽木蚀瓦而难以为继，被我拆掉换盖成水泥楼板结构的新房了，只留下他亲手栽的两棵树还生机勃勃，一棵满枝尖锐硬刺儿的皂荚树，守护着祖宗的坟墓陵园；一棵期望成材做门窗的椿树，成为一种心灵感应的象征，撑立在家院门口，也撑立在儿子们心里。

每到农历六月，麦收之后的暑天酷热，这椿树便放出一种令人停留贪吸的清香花味，满枝上都绣集着一团团比米粒稍大的白花儿，招得半天蜜蜂，从清早直到天黑都嗡嗡嘤嘤的一片蜂鸣，把一片祥和轻柔的吟唱撒向村庄，也把清香的花味弥漫到整个村庄的街道和屋院。每年都在有机缘回老家时闻到椿树花开的清香，陶醉一番，回味一回，温习一回父亲。今年却因这事那事把花期错过了，便想，明年一定要赶在椿树花开的时日回到原下，弥补今年的亏空和缺欠。那是父亲留给这个世界也留给我的椿树，以及花的清香。

2006.8.31 二府庄

接通地脉

约略记得那是麦收后抢时播种玉米的最紧火的时节,年轻的村长掮着铁锨走进我的院子,高挽到膝盖的裤管下是沾着泥水的赤脚。我让坐。他不坐,连肩头的铁锨也不放下来,一副急不可待的架势,倒是不拒绝我递给他的一支烟。他说,你去把场塄下那二分地种上苞谷,到时候娃们也有嫩苞谷穗儿吃嘛!

我一时竟然很感动,却有点犹豫。我在两年前调入省作协当上专业作家,妻子和孩子的户籍也随之从乡村转入城市,刚刚分到手且收获过一料麦子的责任田,又统统交回村委会重新分配给其他村民了。专业作家对我至关重要的含义,就是可以由我支配自己的时间和生命行程了。几乎就在那一年,我索性决定从城镇回归乡村老家。我在祖居的屋院里读中国新时期文学一浪高过一浪的小说,读着刚刚翻译过来的陌生的世界名著,也写着我的小说,是一个不再依赖土地丰歉生存着的乡村人了。村里的乡亲有人送来一把春天的头一茬韭菜、几个刚刚孕肥的嫩苞谷穗子、一篮沾着湿土的红苕,常常引发我内心的微妙感慨,过去我曾拿着这些东西送给西安城里的朋友,现在我自己反倒成为接受者了。我在接过一把韭菜一篮红苕几个嫩苞谷穗子的时候,分明意识到我和这块土地依存的关系割断了,尽管还住在祖居的老屋里,尽管出出进进还踩踏着这方土地,却无法改变心底那一缕隐隐的空虚的发生。我对村长好心好意的提议之所以犹疑不定,是因为我已无资格耕种哪怕巴掌大一块土地了。

村长显然早已揣透了我的顾虑,解释说,村口场塄下这一畛子地,猪拱鸡刨,你交回的那二分地分给谁谁都不要,这几年都荒着,你种点苞谷谁也没意见……说罢转身出门去了。

我便种上了苞谷。这二分地在村子东头的场塄下。当年的新一茬的蒿草正长到旺盛时,比我还高出半头。我丢剥了长袖衣和长裤,握一把磨得锋利的草镰,把蒿草齐摆摆砍掉割尽,再用镢头把庞大的根系一一刨挖出来。因为天旱土壤干硬,也因为几年荒芜土质板结,牛拽的犁铧开掘不动,只能用双刺镢头开挖,再把大块硬土敲碎,点种下苞谷种子。大约整整干了三天,案头正在写作的小说或散文全部撒下,连钢笔也没有扭开,手掌上的血泡儿用纱布缠了几层,仍有血丝渗出来。又过了几天,于夕阳沉落西原的傍晚,我在湿漉漉的地皮上看见一根根刚冒出来的嫩黄的旋管状的苞谷苗子时,心底发生了好一阵响动。我坐在被太阳晒得温热的土墚上,感觉到与脚下这块被许多祖宗耕种过的土地的地脉接通了,我周身的血脉似乎顿然间都畅流起来了。

我在这二分地里间苗定苗,锄草施肥。三伏的大旱时节,村长便安排村民开动抽水机灌溉,轮到我的地头的时候,我便脱了鞋子,用铁锨挖开灌渠的口子把水放进地里,双脚踩着沁人肌肤的井水,让每一株苞谷都浇灌得足饱。眼瞅着苞谷拔节了,冒出天花和红缨来,绿色的苞谷穗子日渐肥大起来,剥开一条缝儿,已经孕出白色的一排排颗粒,用指甲轻轻掐一下,牛奶似的稠汁迸溅到我脸上。我掰下一篮,剥去绿色的皮壳,等待周末从寄宿中学回家的女儿,那是作为一个父亲最温馨的等待时刻。

我后来在这二分地里种过洋芋(土豆),收获的果实堆在屋角,有亲友来家,便作为礼物相送。也种过白菜和萝卜,不知是技术不得要领,还是种子不好,那白菜只长菜叶不包心,只能窝泡酸菜;萝卜又瓷又硬,熬煮勉强可食,生吃很不是滋味。只有栽种大葱大获成功,许是我勤于松土,那葱长得又粗又高,葱白尤其多,做料子菜自不必说,剥了皮生吃也很香甜,我常常是一口馍一口生葱吃得酣畅淋漓。我在务这二分地里的庄稼和蔬菜的劳动中,渐渐稀少了到河堤散步的习惯,或者说替代了。我在一天的阅读或写作之后,傍晚时分习惯到灞河边上散步,活动一下在桌椅间窝蜷了一天的腰和腿。河堤内侧的滩地里是汗流浃背忙于做事的男人和女人,河堤外侧的沙滩上是割草放羊的孩子,我往往在那种环境里感到不自在,很难生出古典和现代才子们赏山阅水的情致来。现在,当我在那二分地里为苞谷除草或为大葱培壅黄土的时候,满脸汗水满手土屑,猛不防会有一个我能闻声辨人的人发出的声音:"还是把式喀!"然后就在地头坐下来,或者他抽我递给他的雪茄,或者我抽他的旱烟,然后说他儿子或女儿遇着什么难事了,需得我去帮忙交涉,我比他的"面子"大哇……我往往在那种时刻,比之在河堤上散步时的感觉稍好。

这几年间,大概是我写作生涯中最出活的一段时光,无论是中篇《蓝袍先生》《四妹子》《地窖》等,以及许多短篇小说,还有费时四年的长篇《白鹿原》,我在书案上追逐着一个个男女的心灵,屏气凝神专注无杂,然后于傍晚到二分地里来挥锨把锄,再把那些缠绕在我心中的蓝袍先生四妹子白嘉轩田小娥鹿子霖黑娃们彻底排除出去,赢得心底和脑际的清爽。只有专注的体力劳作,成为我排解那些正在刻意描写的人物的有效举措之一,才能保证晚上平静入眠,也就保证了第二天清晨能进入有效的写作。这真是一种无意间找到的调节方式,对我却完全实用。无论在书桌的稿纸上涂抹,无论在二分地里务弄苞谷蔬菜,这种调节方式的科学性能有几何?对我却是实用而又实惠的方式。我尽管朝夕都生活在南原(白鹿原)的北坡根下,却从来没有陶渊明采菊时的悠然,白嘉轩们的欢乐和痛苦同样折腾得我彻夜失眠,小娥被阿公鹿三从背后捅进削标利刃时回头的一声惨叫,令我眼前一黑钢笔颤抖……我在二分地的苞谷苗间大葱行间重归沉静。

记不清是哪一年了,陕北榆林一位青年诗人送我一小袋扁豆,这是夏天喝稀饭的好作料。因为产量太低,扁豆在关中地区早都绝种了。我倍加珍惜的一个缘由,是我生在三伏,又缺奶,母亲用白面熬煮的扁豆喂活了我。直到我的孩子已经念大学的时候,母亲往往面对牛奶面包而引发出扁豆救命的老话。我在重新品尝救命的扁豆稀饭之后,留下一部分种子,当年秋天种到我的二分地里,长出苗儿来,年龄在中年以下的农民竟不认识是何物。扁豆长得很好,绿茵茵罩满地皮,常常引来许多村民围观。扁豆比麦子早熟,在大麦成熟小麦硬粒的时候成熟了。我准备近日收割,自然跃跃,慷慨地答应过几个村民讨要种子的事。不料,当我提着镰刀走到二分地头,扁豆秧子竟然一株都不见了。我愣在那里,半天回不过神来。肯定是昨晚被谁偷割了。我其实也没有生多大的气,只是有点怨气,怨这人做得太过,该当给我留下一小块,我好留得种子。

那是至今依旧令我向往而无法回归的年月和光景。

2007.1.4 二府庄

在原下感受关中

我后来才意识到,看取社会的角度和看取生活的对象都是乡村,尤其是我生活和工作过大半生的灞河区域,完全是一种无意识亦无任何自觉的事,也是在一种无可选择的单纯里自自然然发生且持续做着的事。

且不说毛泽东一九四二年《在延安文艺座谈会上的讲话》里论证的创作与生活的关系,并号召作家到工农兵火热的生活中去,后来甚至闹到要对那些留恋城市的作家"押解下乡"的严重程度。我对深入生活向来就不认为是个问题,我生活在农村,父母妻儿都是指靠生产队的磅秤分配的麦子苞谷的多少,决定碗里的稀或稠的。我从学校毕业后,走进只有一座教室和一个单间独庙改做的办公室的乡村初级小学,后来又走进最低一级行政建制的公社,现在已改称乡镇了,整整二十年。我获得专业创作的优越条件后,没有从西安城郊搬进市区,反倒彻底回归老祖宗遗传下来的屋院,尽管椽朽瓦破透光漏雨,我在这屋院里又住了十年。到走进西安住到作协家属院的小楼时我已跨过五十岁。我的前五十年都是在乡村过的,差别仅仅只是身份:乡村孩子兼乡村学生,乡村教师身份是民办性质,当公社干部,一年有三季都住在村子里的农民家中;当专业作家,又生活在只有六十余户人家的以陈姓为主的村子里。我曾经调侃说,柳青在长安县从头到尾工作和生活十四年,成为文坛传诵至今的佳话,我在农村五十年倒没有谁在乎。

我五十年里所看到的世界,是乡村;我五十年里所感知的人生,是乡村各色男女的人生;我五十年里感受生活的变迁——巨大的或细微的、欢乐的或痛苦的,都是在乡村的道路乡村的炊烟乡村男女的脸色和语言里体验的。我对离我不过五十里的西安,进去出来不知几百成千回了,却形成一种感觉里的陌生和隔膜。当我可以拿钢笔在稿纸上书写我对生活的理解和体验的时候,乡村就成为无可选择的唯一,是顺理成章的事。我在初中二年级的作文课上写下平生的第一篇小说《桃园风波》,不仅是农村题材,而且就是我的村子里私有果园归入农业合作社时发生的矛盾所引发的。我在公社(乡镇)工作的十年里,正值"文革",文学创作先被禁绝和后来稍作放松,我早已确定想吃文学创作这碗饭是靠不住的,偶尔的一点写作,只是过一过文学写作的"瘾",专心致志于基层乡村的工作了。这样就很明确也很单纯,我在乡村是做工作的,不是为体验生活积累素材的目的,倒让我避免了睁着艺术家的眼睛支着艺术家的耳朵去看去听乡村,而是在各种工作的过程和各色乡村人共事处事,吻合的愉快和不合的争执,在快乐和焦虑里感知各种生活经历和个性特征的男女。到后来世事发生重大的转折,文学创作和各项事业一样重现生机,我感到创作这碗饭可以争取的时候,顿然意识到曾经的乡村生活全都派上了用场。

  我的乡村生活是无意识里形成的一方狭窄的天地。在西安市郊的东南角落,属于渭河平原的关中的东南一隅。灞河从我家门前流过,古人在灞河桥头折柳送别泪溅柳叶,我后来领工为灞河修筑了八里防洪河堤,至今依然发挥着防洪的作用。稍西边有浐河从秦岭流出,河边曾是六千多年前新石器时期的"半坡人"群居的村落。我家的后院就是白鹿原的北坡坡根,我从小就厌烦这道坡,跟着父亲上坡去劳动特别费劲;只有在不依赖这坡地吃饭穿衣的时候,我才有文人的雅兴生出来,欣赏原坡上的四时景致,也才发生了探问这个原的生活演进的隐秘。夹在灞河和浐河之间的这一方土地,我在其间奔走了整整五十年,咀嚼了五十年,写下了一篇篇或长或短的小说和散文。

  应该说,我生活的地方地域,属于关中的边沿。西安古城也不在关中的中部,而在东部偏南的位置。近年间起于各种因由,我在关中多走了一些地方,见多了听多了反倒愈加不敢开口说话了。只有我的感觉是这种障碍的不可逆改或硬撑的成因,面对这块土地上或地表下残存的历朝各代的遗物,我发现我的口再难随意张开了。我在西安西南一隅的沣水东岸,看到周人存留的车马坑里,木制轿车的轮子和拽车骡马的白骨,镶嵌在略显深褐色的黄土里,这是现今能看到的两千多年前曾经富于生命活力的冰凉的骨骼。

我在渭北高原看过几座唐朝皇帝规模巨大的墓冢,墓前排列着的石兽和百官雕塑,突然觉得这些权利如天的帝王太过愚蠢,花那么大的财力物力修筑这种豪华场景,自己不仅欣赏不了享受不了,倒招引盗宝贼挖一道通风漏气的洞,甚至连尸体也被扔得七零八落。这是我现在能看到的历史实物,而王朝里的种种秘闻,只有文字。不同版本里的文字常常相违,我真是没有耐心去辩证,就不敢轻易说话了。更重要的制约,我开始怀疑自己的感知究竟有多少用处,如果没有用,说了等于白说或没说。

　　近年间我的兴趣常发生在一些人物身上,即生活在关中的一些令我肃然敬仰的人。譬如柳青,创造过十七年小说艺术高峰的作家;譬如灞河边上的老乡孙蔚如,直接参与"西安事变",又在中条山打得日本鬼子过不了潼关,保护古都西安不受鬼子蹂躏的民族英雄;譬如堪称伟大的剧作家李十三,能编成十大本至今还在演着的戏剧,却招架不住嘉庆皇帝一声"捉拿"的断喝,在磨道里推着石磨时吓得吐血……我无力为他们立传,却又淡漠不了他们辐射到我心里的精神之光,便想到一个捷径,抓取他们人生里最富个性的一两个细节,写出他们灵魂不朽精神高蹈的一抹气象来,算作我的祭奠之词,以及我的崇拜之意。如果有幸,留给关中,也留给关中以外的世界,作为我对故乡关中的回报。

2007.7.21 二府庄

难忘一渠清流

在村子里的初级小学校念书到四年级期满，算是毕业了。要继续深造，需要通过升学考试，到所辖学区的高级完全小学接着读五、六年级。严峻的前提是，必须通过考试得以录取。初级小学是复式教学，一个教室里四个年级的三四十个男女学生，由一位既是教师也兼校长的青年老师独统这一方乡村教育领地。他很负责任，在我们毕业前夕已经打听到准确的招生消息，属于西安市辖区离我家最近的两所高级小学都不招生，却有蓝田县辖的一所高级小学招生。我家所在的地域属西安市辖的最东头一个村子，再往东就属蓝田县辖的地域了；往北是灞河，河北边也是蓝田县辖地，正对着我们村子的灞河北边的油坊镇上有一所高级小学，距家不过三里地。我和同村的两个同班同学搭伙儿涉过灞河，抱着碰运气的心理找到那所小学，再找到管招生的老师说明来意，竟破例允许不属蓝田县辖的我们报名应考……考试的结果，我们三人有一个落榜，我竟有幸得中。这是一九五三年的事，我十一岁。

即将开学的时候,天降暴雨,灞河涨起洪水,多日不退,我几乎天天乃至一天三次跑到河边,看河水落下去的情状。直到水落到我可以蹚过的时候,开学已过一周了。父亲送我上学,他肩头扛着一袋面粉,我背着一捆被卷,走进学校大门时竟然忍不住心跳。学校给北边岭上和南边白鹿原上的远路学生安排住宿,并设有学生灶,把自家磨好的面粉交来,再交大约一元人民币的副食费,只有盐和醋两种调味品,酱油属于奢侈品,不供,更谈不到蔬菜或肉了。

父亲回家之后,我进入教室上课,陌生是不消说的,麻烦发生在晚上。作为我们五年级新班的教室是新建的一幢房子,房内用木板铺楼,作为睡觉的宿舍,尚未完全做好,工匠正在赶做尾巴活儿,把我们班临时安排在一个既老又低矮的教室里,晚上就睡在桌子上过夜。我初来乍到,不知底里,天尚未黑,课桌被人并拢占定了,连长条坐凳都被合并各有其主。我把剩下的三条木腿活络的板凳并拢起来,铺开被子,自然是一半做褥一半做被,又找来一块旧砖做枕头,睡下了。睡到不知什么时候,我有从悬崖跌下的恐惧,惊醒后半天反应不过来,迷迷蒙蒙还以为在自家炕上,摸到左右的木板凳,才顿时醒悟,我是从以凳做床的板凳上掉到地上了。我爬起来,眼前黑咕隆咚,那时候尚未通电,照明需学生自备油灯。我刚来一天,还未来得及买油置灯。摸着黑把掉在地上的被子拎起来,才发现三条并拢做床的长条凳分开了,我掉到地上时夹在木凳之间,也就明白是木凳的腿子太活络而难以固定,才造成这场虚惊。这是我第一次离家出门在外过夜的经历,竟铸成永久记忆。

到第二或第三四天,我的紧张心情才逐渐缓解,也才敢把这个学校的前院后院走了一遍看了个明白。大门朝南临街,将一排作为教室的房子中间留一间作为通道。进入校内,西边一排低矮的房子,是老师的餐厅和学生灶,还有储藏杂物用房;北边是一排教室,中间夹着校长和几位教师宿办兼用的单间房;东边就是新建成的即将启用的我们班的教室了。四面被连排房子连结,中间是一方甚为宽敞的空地,下课后便被拥出教室的学生渲染得生动活泼。最令人难忘的一景,是从围墙外引进一渠清流,从北边那一排教室前折拐到我们的教室门外,再向西折拐到大门通道,从石板铺盖的地下流出学校,穿过街道流进对面的村子。这条水渠的水一年四季都清澈无浑,是地下渗出的一股颇为丰盛的清泉,大约流过许多许多年了,渠边上粗大的小叶杨树即可见证。北排教室外的水渠边,有小块竹林,是冬天里校园内的一抹绿色。竹林边,还有一大丛玫瑰花。北排房子中间也有一条通道,出去后便是偌大的操场,只有一副木制篮球架,再无任何体育设施。操场东北角还有两座教室,供低年级学生学习。操场西边是土打围墙的厕所。北围墙紧靠着一条砂石出路。我出围墙门站在公路边上,平生第一次看到大卡车。那些从北岭和南原上来的同班同学,晚饭后常不约而同走出北围墙后门,站在公路边等待过往的汽车看风景。那时候汽车很少,往往等半个多小时,未必能看到一辆汽车,小车几乎没见过。后来我才知道,这是关中通中国南方的唯一一条公路。

我很快便和同学混熟悉了。大约是年龄造成的不同兴趣,我和那些年龄接近个头也相差不多的小同学很自然地聚拢为友。我的学习不是太用功,把老师讲的课本内容听懂了,很顺利地做完作业,就不再翻揭书本了,课余便尽着性情玩。那时候尚未使用钢笔,必备一支大字毛笔和一支小楷毛笔,一个砚台或墨盒,每天写一张大字,两天写一页小楷字,连算术作业的洋码字也是用小楷毛笔书写。我现在还后悔那时候把大仿字和小楷字只当成作业去完成,没有认真用心地练习书法基本功。我们班有一位个头不高却很老气的同学,毛笔字写得好到被老师划归为柳体,即大书法家柳公权的笔体风格。我常见他在课余独自写毛笔字,用粗糙的黑麻纸钉成一个大厚本子,一张一张地写,左手边就放着一本柳公权的字帖,作临摹。我第一次听说大书法家柳公权的名字,第一次见到字帖,皆源于此。我和不少同学写毛笔字还处于描"影格"的初始阶段,"影格"是班主任杜老师写的,放在纸下,再在上面白纸上照着描摹。杜老师后来把给学生写"影格"的事转嫁到那位同学身上,他在全班同学面前说,谁要用"影格",别找我,让×××同学写,他比我写得好。可惜,我忘记了这位同学的名字。

学校最火的体育运动是篮球比赛。班级之间搞得热火朝天,却是那些年龄大个头也高的学生。如我一样年龄小个头又矮的同学,流行一种小皮球的玩耍,比赛人数和规则与篮球完全一致。我曾经热衷到入迷的程度,一个篮球场,很难有给玩小皮球的学生尽兴的机会。我在闲余时就踢毽子,仅仅一条灞河之隔,我们河南边的村子里的小孩,几乎人人会踢用鸡毛扎的毽子,女孩也踢,而河北岸的同学却把我的毽子当作稀罕物,无人会踢,许多同学竟然没见过。不过,他们好奇地试踢几回之后就索然了,我一个人玩不出兴趣,就又找机会和他们一起打小皮球了。

我是顶着"毛盖"发型走进这所高级小学的。还有北岭南原偏僻乡村的同学也蓄着这种乡村未成年男孩传统的发型,即前脑上蓄留一绺长发,苫住了前额。在已经普及了所谓"一边倒"和"平头"等文明发型的学校里,常常遭到讥笑。班主任杜老师倡议男同学每人交一毛钱,买回推子、剪刀和梳子,亲自动手,把我和其他所有蓄着"毛盖"发型的同学的头发剪掉了,一律变革为新式文明发型。他随之培养了两个心灵手巧而又热心服务的男同学做理发师,给全班男生义务理发。我后来由此番发型革命约略可以感知当年辛亥革命男人剪辫子的心理。

从教室门口流过的清湛湛的水,是我们寄宿学生洗脸的再好不过的水了。因为是地下涌泉,夏天清凉,冬天又显得温热,洗手洗脸是一种享受。半夜从楼上宿舍下来小解,出门便对着水渠撒个痛快,尿被水流冲走,不留任何遗味。记得某年初夏,我似乎睡醒后还有点迷糊,下楼后刚站到水渠边,看到前方站着一个没有脑袋的人,吓得折身跑上楼去,躺进被窝再无法入睡。第二天早晨起来在水渠边洗脸时,才看出那个无头的"鬼"是那丛含苞待放的玫瑰。我把这场虚惊写成作文,受到杜老师的表扬,不仅在全班通篇读完,而且对几处生动描写做了点评。这是我的作文获得的第一次评论,而且以阅读的形式公开"发表"在全班同学面前,难以忘记。

在油坊街高级小学的两年寄宿生活,几乎记不起任何不愉快的事。唯一的缺憾,春末初夏时节遇到暴雨,灞河涨起洪水,周六回不了家。寄宿的同学和学校老师都回家了,只留下我和灞河南岸三五个同学,好生恓惶。我常站在河边,看着南岸走动的大人和小孩,清晰到可以辨认出张三李四来,却总无法回到母亲身边,忍不住滴泪。尤其是升中学考试的关键时候,遭遇洪水,不能回家,不仅口袋无钱,关键是我穿着一双鞋底快要磨透的布鞋,踏上行程三十华里的砂石公路,很快就把脚后跟磨破流血了……

2009.3.2 二府庄

第四辑

我经历的狼

几个根系都扎在乡村的朋友遇到一起,很随意也更自然地慨叹着生活发生的急促到不敢想象的变化,由此而不由自主地感慨童年时期乡村生活的艰难,有人说到一块糖疙瘩留下的难忘的记忆;有人说到他直到进县城寄宿读中学时,晚上睡觉脱裤子时才发现别人穿着贴身衬裤,回家哭闹着要母亲赶制一条;有的人说他和一位女同学同坐一条长凳同趴一张课桌整一个学年,竟然发现没有说过一句话,甚至不敢正眼看对方一眼,往往是伪装看书用眼角的余光偷瞄一眼,如此等等。这些旧时生活经历的细节,几乎是一人道来人人呼应,都有过同样的或类似的经历。其实不难理解,那时候关中乡村乡民的生活情况大同小异,如上三种在今天几乎是不可思议的事,在我都经历过也发生过,那时候寻常存在的生活世象,今天竟有恍若隔世之感,却又如此鲜活,如在昨天发生。

这种老朋友老同学老乡党的聚合,没有任何主题话语,纯粹闲聊,想到哪儿就说到哪儿,一种再轻松不过的气氛,再加上几杯酒下肚,情绪愈加亢奋,往往发生几个人同时说话各说各的人生际遇以及感慨。我往往在这种境况里省下口舌,享受听的乐趣,却也有控制不住的时候,便是有人说到了狼。几个人都争抢着说到自己幼年遭遇狼的险事和趣事,我也加入了说狼的旧话之中。朋友中竟有人插话说,你能写文章,把你这些狼的故事写出来,挺有意思。我曾动过此念,之后又觉得意思不大,便拖下来。前几日在电视上看到一个说狼的短片,业已沉寂的写狼的兴趣又发生了。

自有生活能力的幼稚时期,我对自己生活的世界最早产生的恐惧来自两种东西,一是狼,另一个是鬼。印象里对狼的恐惧肯定早于鬼,先说狼,暂且搁置鬼的故事。

小时候闹性子耍脾气,父母顺口一句恐吓的话,狼来了。尤其是晚上,玩得兴奋不安生睡觉,或是因什么不高兴的事使性子,父母没招了就请出狼来吓唬我。狼是什么样子无法想象,恐惧的效应却在心里形成了。我对狼的近距离感知,发生在十三四岁的时候。

那年实行了农业合作化,劳动分红需得等到年底,父母平时只顾在农业社出工干活,属于自己的土地和土地上的物产都归集体了,自然没有任何经济收入了。家里总不能缺盐,醋可以由母亲酿造,也难免头疼脑热去看病买药,还有我和家兄的学费,都得花钱。父亲想到了养猪,猪养肥杀了卖肉,或是把肥猪卖给屠户,都会赚一点利钱。父亲在后院垒了猪圈,春天买回一只小猪,放进猪圈。

那个猪圈的上方,横着搭了几根木棍,上边又架着一束一束从坡坎上砍下来的满身长刺儿的野酸枣棵子,是为防狼跳进猪圈咬小猪的。在猪圈的外墙上,用当地出产的一种白土化成浆水画了几个圆圈,据说狼怕钻圈。其实,村子里凡养猪的人家,猪圈四周和上边都是这种防狼的措施。然而,不妙的是,把小猪放进猪圈仅仅半天一夜的第二天早晨,父亲便在猪圈外边的地面上发现了狼的蹄印。尽管小猪安然幸免,父亲仍断然采取措施,白天把小猪关进猪圈,晚上把小猪放出来安置到屋子里,在后门左侧的木梯下的墙拐角,铺了一层黄土,又撒了一撮稻草,小猪便卧在那里过夜。

我那时在城里读初中,寄宿学校,周六晚上才回家一次。有天晚上睡到半夜,我被敲击后门的响声惊醒。父亲却依旧打着鼾声。我摇醒父亲说谁在敲门。父亲随口不在意地说:"是狼。"我不由得"啊"的一声,睡意全吓跑了。父亲便告诉我,自打把小猪安置到后门门内的墙角,夜里时不时就有狼来守在后门口,初发生门被撞响的头两次,他手抓一根木棍,拉开后门门闩时,狼便蹿上后门外的白鹿原坡上了。他曾在月光下看见慌急逃窜的狼的身影,佯装追赶几步,吓一下狼,多少能安生几晚。过不了十天半月,狼又来了,又把后门板弄得咣咣当当响,他不仅懒得招理,而且照睡不醒。父亲告诉我,狼能够在很远的原坡上闻到猪的气味,总想吃猪。父亲还告诉我,狼是用屁股碰撞后门板,狼是铜头铁尻子(屁股)豆腐腰,打狼要打腰。说罢,又睡着了。

我经历的狼

我却睡意全无,似乎心还在慌跳着。后门板停住了响声,大约是狼听见了父亲说话的声音。当父亲睡着不久,后门板又响起来,我更加害怕了,从我睡觉的后屋的炕,到后门不过几步,狼就在后门外用尻子碰撞后门,门板响几声,卧在后门内的猪就发出却也不甚惊慌的一两声哼哼。我怎么也睡不着,想象着狼的发着绿光的眼睛,龇着长牙的大嘴,越想越怕越睡不着。我又摇醒父亲。他披衣下炕,懒得开后门,只听他用脚把后门板蹬得山响,就回屋睡下了。后门再未发出响声,狼吓跑了。我缓了好久才睡着。

到这年冬天放寒假时,这头猪已长成一头大肥猪了,正在加精料追肥,不久就该卖掉或宰杀了。我几乎每天晚上半夜时分都能听到狼用尻子碰撞后门板的响声,竟然也不再发生惊吓睡不着的事了。有一晚,又被狼碰撞后门板的声响惊醒,我竟然想和狼有一个短距离接触的冒险举动,捞起父亲常备的那根木棍,走到后门口,本想拉开后门敲那只恶作剧的狼一棍子,但到后门前却胆怯了,万一我在拉开后门板的一瞬间,那馋急了的狼朝我扑来怎么办?我便学着父亲的做法,用脚猛蹬后门板,狼逃走了。这是我与狼的最短距离的接触,之间仅隔两扇门板。过了几天,杀了肥猪,再也听不到夜半狼用尻子撞碰后门板的响声了,我竟觉得有点寂寞,似乎缺失了什么。

早在一年前的冬天,还经历过一回狼的故事,不是发生在通常的乡野,却是发生在省会城市西安。我刚刚考上初中,新建的校舍尚未完工,便把新招的四个班级的学生临时安排在一所停歇的教堂里。教堂在西安城东门外的东关北边一条狭窄的小巷里,倒也清静,是一方听讲写字的好地方。教堂的后门外,是一块很大的平场,有一孔早已废弃的砖窑,可以判断这儿曾经是一个制砖烧砖的场地。有人在这里养了一群羊,用很简陋的围栏围住羊群,养羊人自己食宿在废弃的也很破旧的砖窑里。教堂的后门外设置男女厕所,我和同学一天几次走出后门去方便,不久也就看出过去的砖场,现在的"牧场"上的生活景象,大约在太阳出来许久,养羊人才赶羊出场(据说羊吃不得有露水的草)到野外去放牧。太阳落山时,他又把吃饱了牧草的羊拦回"牧场",圈进围栏里。入学时看见的小半大羊,眼看着到冬天就长成大羊了。

临近寒假,正是关中地区最寒冷的数九季节。我在某日早晨进入教室开始早读,听班里同学说,昨晚"牧场"上的羊被狼咬死了两只。我架不住好奇,和一个同学跑出教堂后门,头一眼就看见,放羊汉子正在持刀剥着羊皮,那羊是倒挂在一根凌空架起的横杆上,并排挂着两只,一只已经剥光了皮,鲜红的肉体,且已开膛,内脏就堆在脚旁边的一只木盆里,正在剥离这一只羊的羊皮。我闻到一股血腥味,却也没问羊的主人,想来昨天夜里发生狼咬死羊的惨事是无疑的了。

这是1955年的冬天,西安城东门外的东关北边一条小巷里发生的狼咬死羊的事。顺便简介一下那时的西安古城的格局。西安古城有一圈虽则破旧却基本完整的明代修筑的城墙,墙顶上可以对开汽车，足见其雄厚。西安城中心有钟楼鼓楼作为标志，以此展开东西南北四条大街，也就有了东门西门南门北门四道大城门。四道城门外仍然延续着城市的格局，分别为东关西关南关北关，比之四道城门内的四条大街的规模自然小而短得多了。我在1955年看到的东关的东面南面和北面都是庄稼地，这里那里散落着村庄，却不与东关里的城市人混居。就在东关的北面的小巷里，庄严肃静的教堂后门外，竟然有狼光顾，且咬死了两只即将出栏的肥羊，约略可以想到五十多年前古城西安的一斑。我曾猜想，说不准那野狼完全可以窜进东门，在东大街乃至钟楼鼓楼下转悠觅食……在我却是看到了弱肉强食的直观现场，竟然是在城市范围内的教堂后院。

我第一次看见狼，是在两年后的一天早晨。我上初中三年级时，转学到离家较近的一所中学，约二十华里，依旧继续着背馍寄宿的生活。已成规律的生活秩序，是周六下午放学回家，周日下午背着母亲蒸好的馍上学，绝大部分的农村学生都是这样求学读书的，不仅不以为只啃干馍喝白开水的生活艰苦，而且对新中国给予的上中学的机会心怀感恩。记不得那个周日下午因何故未能返校，周一天不明便起身背馍赶路，那时没有公交车，更不敢奢望自行车，只有步行，却也习以为常。因为天尚未明，父亲便陪我赶路，主要担心是怕遇见狼，那时候拦路打劫的凶事几乎闻所未闻。

暑末秋初的灞河川道的黎明时分，弥漫着一层白色的水雾。

路上不见行人。过了一个马家村,也未遇见一个早起的村人。出马家村要翻一道流沙沟,很深,仅有一步宽的小道,这是传说中多有野狼出没的地方,往往使人有阴森的心理压迫。有父亲相陪,我只顾走路,没有任何恐惧,下沟再上沟丝毫也不觉得累,只怕迟到,尤其是陌生的新学校的开学第一天。不觉间翻上流沙沟对面的平地,天色有亮光了。父亲突然惊叫一声,狼!我吓得当即收住脚步,便看见离我们不过十来步远的谷子地头,有两只狼,灰黄色。两只狼在谷子地头的流沙沟边上嬉戏,这只跳起来扑向那只,那只歪头躲过,纵身跃起又扑向这只。狼肯定看见了父亲和我,却不逃走,依然戏耍着。人说虎不失威,我直接看到了的狼也不失威。父亲似乎不甘于就此走掉,顺手在地上捡起两块石头,接连朝狼扔去。那两只玩得正开心的狼并不惊慌,却也终止了戏闹,缓缓慢跑着朝北边去了,给人以悻悻的感觉。这是我平生唯一一次在乡野间和狼的遭遇,距离很近。有父亲在身边,短暂的惊怕很快过去,我又真实体验了父亲存在的意义。再说,那两只戏耍着的狼,没有任何凶猛残忍的外相,和我见惯了的戏耍的狗几乎没有差别。这是 1958 年 9 月初大跃进正热火的年月的一次奇遇,这年我十六岁。

这时候,我尚无在生产队参加劳动挣工分的资格,每逢学校放假,寒假时到坡上拾柴火,暑假也是到坡上割草,可以挣工分。这里所说的坡,就是地理上白鹿原的北坡,起伏有急有缓,形成一条连着一条的大沟浅峪;舒缓的坡地上被先人们开垦为田地,种植小

我经历的狼

麦;陡峭的坡坎和沟峪里只能生长荆棘和野草,间有杂树。我和伙伴拾柴割草的时候,常常能发现狼拉下的新鲜粪便。狼的粪便很容易辨认,常常挟裹着白色的羊毛和黑色的猪毛,任何其他动物不会拉出这种粪便来。可以想到,就在昨夜,狼从这里走过,不由得心里发紧,偶尔还会看到被狼撕扯破烂的小孩的衣裤,那是不幸早夭的孩子因为埋得浅,被狼刨出来了,却不见残骨,我常被吓得不敢多看一眼。后来的许多年间,时不时会听到村人中间的传闻,邻近哪个村子什么人家的猪或羊被狼咬死了,或叼走了,甚至偶尔传闻吓人的惨事,什么村什么人家的小孩被狼伤害了。这样积久的传闻,即使无意,也在加深着对狼的印象,凶残。

大约到了"文革"发生的第二年,我所工作和生活的西安东郊地区,也和西安其他地区一样激烈着造反夺权的风潮,几乎是村村社社无宁日。与这里那里不断发生的武斗相映成趣的是,有两只狼似乎也被疯狂的社会气氛感染了,到处为非作歹,前日咬死了坡上某人家的猪,昨天夜里又叼走了河川一户人家的羊,还有威胁行人的危险事相继发生,已经闹得人心惶惶。我那时候正在一所民办中学任教,造反伊始便停课闹革命了,学生时来时不来,教师也获得了来去自由。我因被划到"保皇"系列,受到小小的批判,虽然成了什么组织也不参加的逍遥派,却不敢任性,坚守在学校养那只正待产的老母猪(农业中学自力更生办校)。这时几乎心如死灰,却也没有了任何欲望的烦恼,业余爱好文学创作的兴趣早都消亡了,能否继续做一名教师都不敢太乐观。尽管如此，却仍然不敢马虎对老母猪的保护，到坡地上挖来酸枣刺棵子，几乎把猪圈上边纵横交错架满了，料定那两只癫狂的狼也只能徒叹奈何。我真的在猪圈外边的土地上不仅发现了狼的蹄印，还发现了狼拉的粪便，完全可以想见在猪圈外踅摸着又不能得逞施暴的狼猴急的样子，可惜这里没有我家的后门板供它用尻子碰撞撒野，我自安然睡觉。

这年春节过后不久的一天，早晨起来便看到地上落了一层不薄亦不太厚的雪，原也不足为奇。我正洗脸的当儿，突然听到学校背后传来几声响亮的枪声，扔下毛巾便跑到院子里，心里想着武斗虽不新鲜，却还没有动用过枪炮，是不是今日破禁了？跑到院子里往后看去，白鹿原北坡上茫茫一层白雪，蓝天下的白雪地上，有三四个人在缓慢行走，可以辨认出是穿着绿色服装的军人，手里提着枪。起初以为驻军借着难得的雪地演练，随之遇到一位路过学校的熟人说，解放军为民除害，打死了那两只呈疯狂状态作恶多端的狼。我当下便有欢呼的欲望，表现出来却是脱口而出的一句"这下好嘞"的话。

我的家乡有一所军事性质的高校，就在白鹿原北坡一个很大的深洼里。据说是经过反复论证，这是一方最可隐蔽的好地方，便把军校设置在这里。军校有警卫连，常常做许多爱民的善事，在当地群众中口碑甚好。他们肯定听到乡民被那两只癫狂的狼危害的议论，便决定为民除害。难得这一场雪，再狡猾的狼也无法消除行走留下的蹄印。战士便循着狼的蹄印，在白鹿原北坡的沟梁坡坎之间追踪发现了两只狼,先打死一只,再追着逃脱的另一只,又打死了。我听到的那几声枪响,就是射击逃到学校背后坡沟里的那只狼时发生的。

眼看着战士们从坡坎上走下来,从学校门前的公路上经过。我站在路边等着,看见两个战士用步枪抬着一只狼,另两个战士跟在左右,侍候着换肩。那只狼的皮毛上染着血,刚刚结束它癫狂的生命。狼头耷拉着蹭着地皮,舌头伸到长嘴外边。我不自觉地留心看了看狼的皮毛的颜色,灰黄色,只是比我十年前上学路上碰到的那两只狼的灰色偏重一点,感觉却相去甚远,那两只狼在熹微的晨光里嬉闹,尽情撒着欢,眼下看到的却是被枪击致死的一具狼尸。

这是我的家乡灞河川道白鹿原坡地最后的两只狼,死在解放军战士的枪口下。四十多年过去,这方有原有坡有河有川的颇为适宜野生兽类生存的地方,却再也没有发现过狼的行踪。

在濒临灭绝的动物名单中,似乎还没有列入狼,可见狼的生命力之强。然而,就我眼见的关中平原地区,自不必说,单是渭北高原乃至毛乌素沙漠,十余年间已经变得铁路、公路和高速公路纵横交错形成网状体系,火车奔驰汽车穿梭,狼们便失去了任性撒野随性作恶的自由空间,迁徙到更僻远也更阔大的荒野地带去了。可以想见狼的数量在减少,比不得上世纪50年代随处都有狼的蹄印的现象了,却远远不到濒临灭绝的危机状态。我又想到,有些濒临灭绝的动物,除了生存环境恶化等因素外,很重要一条是这些动物自身所具备的商品价值,被那些生财无道挣钱无门的人盯住,或捕捉或猎杀,偷换几张钞票。譬如老虎,虎皮虎骨乃至虎血,都是任人随意张口要价的昂贵之物。狼的皮毛不值几个钱,狼的骨头亦无保健的药用功能,内脏无疑属于废物。即使作为动物的一个品种,狼在动物园里,其形象也缺失观赏趣味,甚至连狐狸的毛色也不及。狼是以凶残而造成深远影响的。如果不是它对人类和家畜为害太过太烈,一般情况下,人是不会和狼计较的,也懒得费劲劳神去捕杀它。同样可以对比的是狐狸,不在乎它天性就喜欢偷鸡,可见人的宽容;人之所以捕杀狐狸,诱因全在它那一身珍贵的皮毛,狐皮做褥不仅色彩漂亮,而且特别暖和,尤其是它的尾毛,是中国传统的书写工具毛笔的绝佳用料。狼与狐狸是连一点优势都比不出的,且不说虎。

  时不时地从媒体上得知老虎生存的危机,便引发担心;获知仅剩几只的朱鹮,经持续多年的精心救助和保护,已经繁衍到一千余只的颇为壮观的族群,完全脱离灭绝的危情,我甚为欣慰,那鸟儿实在太漂亮了;无论狼是否会灭绝,我却怎么也操不上心来。平心而论,我和狼没有构成成见的因由,尽管它曾经用尻子撞碰过我家的后门门板,却不过是猴急的无奈的举动罢了,没有对家养的猪造成伤害;尽管上学的路上遇见过两只狼,因为身边站着如山的父亲,我也没有受到威胁,倒是看到戏闹着的狼的可爱的一面。在我生存的白鹿原下灞河川道,四十年不见狼的声息和踪迹,似乎也没有听到过一声惋惜或遗憾。

我相信狼不会绝种，少几只就少几只吧；也希望狼不要灭绝，它毕竟是野生动物之一种，是造化赋予世界的一种生命形态，无论其可恶或可爱与否。

2010年4月30日二府庄

我经历的鬼

知道世界上有鬼,和知道有狼一样,都是在少不更事的愚顽时期。晚上玩得癫狂不能安生睡觉,母亲为了节省灯油,好话规劝无奈,往往就用绿眼长牙凶相毕露的狼来吓唬我,却从来不说鬼,这已成铁定的忌讳。然而,她不说鬼却有人说鬼,谁家屋里昨晚闹鬼了,一个看不清面目的黑衣女人从院中飘到房脊上;隔不了三五天又有鬼事发生,某人在村人回家歇工的正午时到坡地上寻找丢遗的烟袋,看到乱葬坟堆里有二三人影,均无头,他咳嗽一声便消失了;某妇人走娘家回来,看到不远处的柿树下有一位老妇人在哭着诉着,便加快脚步想劝慰其节哀,不料竟眼睁睁看着那人隐去了……我的这个不过三十多户人家的小村庄,隔不过几天就有鬼事发生,当天便传得家喻户晓,两人一堆,五人一伙,说得如同亲见一般生动翔实。夹在她们胯旁的我听得头发倒立毛骨悚然,却仍忍不住想听。相对于狼而言,鬼更可怕,狼一般在夜深人静时才到村子里偷叼猪羊,鬼却不管白天黑夜都在游荡;狼活动在山野荒坡,鬼却天上地下荒野宅院任由出入,防不胜防,想躲更难。年少时我不仅不敢独睡一屋,甚至不敢走进空无一人的自家院子,心里总怯着房顶上、过道里或屋梁上会隐藏着一个鬼。

我只说我经历过的几次鬼事。

有月亮的夜晚,往往是村里孩子聚合玩耍的天赐良机。我平生仅有一次碰见过的鬼,就发生在一个冬天的月色朦胧的村巷里。我跟着比我稍高一点的哥哥到村子东头去玩耍,刚走到离家门不过百十步的一户人家的围墙口时,他却突然改变主意不许我跟他走了。眼睁睁看着他和几个伙伴往前走去,我很失落地转身回家。就在刚转过身的一瞬,看见不过五步远的一个茅厕里有一个怪物,体形像一头半大的牛,又像一只超大的猪。出奇更在不是我每天都能看见的活牛生猪,而是如同过年时乡村集市上叫卖的纸扎的动物造型的灯笼,从头到脚涂饰着红的黄的绿的色彩鲜艳的圆形和方块形的图案,似乎还有一缕亮光透出。好奇心驱使我停住脚步,那纸扎的"四不像"的怪物竟然走动起来。那时候的乡间茅厕,多是三堵半的土墙围成的一方避身遮丑的小小空间,那怪物笨拙地移动着纸扎的躯体,竟然还扭过头来看着我。恰是在这一瞬间,我的毛发倒竖,后脊发冷,恐惧顿时攫住了我的心,腿都软了。我已经记不得是怎么回到家的,也不记得母亲后来施用了民间的哪种措施为我驱鬼除邪,随后似乎也未遭遇什么灾祸或病痛。然而,那个纸扎的却会移动的"四不像"的怪物的身影,却铸成永久的记忆,及至六十年后的今天,我仍然能够描绘出曾经眼见的形态和色彩。

我更多经见过的鬼事,都是发生在村子里这家或那家、这个人或那个人身上。

村子里以及周边最爱闹鬼的地方,是距村子不过一里路的一座孤坟。这座孤坟在很窄的一畛地的南头,倚着矮矮的一道地坎。这畛地的北边有一条两步宽的土路,是我们村子通向外部世界的主干道,离那座孤坟不过十来步远。这里埋着一个不幸死去的年轻男子。我很小的时候就听到村里某个女人或某个男人在这里撞见了鬼,有的人在夜里撞见,有的人竟然在大白天撞见,还有早起赶路的人在微明的晨光里,也撞见过鬼。有人撞见的是有身躯却无脑袋的鬼,有人撞见的竟然是有头有脸四肢齐全的走动着的鬼,还有人竟然看到坐在孤坟不远的路边发出呜呜哭声的鬼。谁都会想到,这是孤坟里那个年轻男人的鬼魂再现。

我记不清从这座孤坟旁走过几千上万次了,却一次也没有撞见那个被许多人都看见过的鬼。然而,每一次走过这座孤坟旁的进村路时,我都不敢扭头去看土坎下的那个小小的长着荒草的坟堆,而且头发便倒立起来,头皮感觉到一缕凉意。小时候不敢单人走过这里,即使和家人或伙伴大白天走到这座孤坟旁,仍然抑制不住头发倒立头皮生凉的反应。及至成年,我自信已经成为不信神更不信鬼的唯物论者,每当单人路过这里,头发照旧倒竖头皮仍然会生出一缕凉气,甚至连自己都忍不住暗暗自嘲。有一回我和自己较起劲来,当头发倒竖头皮生凉的反应发生时,我索性停住脚步,点燃一支烟,直对着孤坟抽起烟来;似乎这样还不足以把劲较足,干脆走到土坎下的孤坟堆前,转过去又转过来,抽着烟转了三圈,又伫立在坟堆前,直到倒竖的头发不再倒竖,头皮上的凉气消散,我才离去。我以为经过这次最近距离的心理抗争之后,当会终止往常生理反应的惯性,结果却依然故我。说来更不可思议的是,在我住在原下老屋写作《白鹿原》的最后一年,难耐每天停笔歇工之后的无聊,迷上了下象棋,本村的棋友如若凑不到一起,我便到东边或西边的邻村去找棋友,常常玩到半夜方可尽兴。关键是去西边邻村下完棋回家时,满天星光,走到土坎下的孤坟旁,仍然头发倒竖头皮生出凉气,须知我已经是年近五十岁的准老汉了。幼年时因为这座孤坟野鬼的传闻而发生的恐惧,由恐惧而引发的头发倒竖头皮生凉气的生理反应,竟然成为一种惯性,直到准老汉的年岁都难以消除,也就只好任其发生罢了。

真正致成我心里创伤的鬼事,却是发生在1962年。

这一年,我高中毕业,高考的作文题有两个,一为"雨中",一为"说鬼",前者无疑是记叙文,后者亦无疑为论文体。依我自己而言,选择叙述文体的"雨中"为宜,因为我在初中的作文本上早就写过几篇小说了,颇得语文老师好评,记事的叙述文体当胜过论文一筹。然而,我却鬼使神差地选择了"说鬼"。我已不记得我是如何说鬼的,也不必说我把鬼论说得如何,致命在于我没有写完。考场的铃声响起的时候,我的紧张在残酷的铃声里完全失控了,脑子里一片空白,完了!我完了。看着监考老师从我桌上收走考卷,我连站起来的力气都没有。我走出考场和设置考场的中学的大门,看到街道上熙熙攘攘的人群,这时才意识到已经尿湿裤裆了。

后来自我检讨,之所以选择我并不擅长的论文体去写"说鬼",原是出于一种错误的判断;之所以发生判断的失误,说穿了是自作的小聪明所致成;再扎实说来,是不无投机心理的。我读高中的上世纪 60 年代初,有一本名为《不怕鬼的故事》的书,不仅风靡全国,而且成为高中生的必读物,是政治课的补充教材。后来才知道出版并要求党政干部和高中以上学校师生阅读这本书的社会背景,既有国际因素,又有国内因素。国际关系中,兄弟般的苏联和中国,矛盾已发展到不可调和的面临翻脸成仇的地步,视苏联为修正主义,简称"苏修"。修正了马克思列宁主义的修正主义的代表人物赫鲁晓夫,被喻为鬼。国内的背景是庐山会议关于大跃进大炼钢铁和人民公社造成灾难的事,持这种观点的彭德怀被定为右倾机会主义者。右倾机会主义者也是鬼。无论赫鲁晓夫,无论彭德怀,两大事件尚没有向国民公开,先以打鬼运动造成舆论。我那时候似乎在私下里隐隐听到一点风声,便自作聪明地选择了论文"说鬼"的题目,以为正合拍于社会的大命题,肯定要比"雨中"这类抒情的叙述文更切社会热点……不料却栽倒在"说鬼"上。那个年代的高考语文试卷,问答题占六十分,一篇作文占四十分。我的作文无疑为零分,我便觉得完了。

我回到那个三四十户人家的小村庄,才切实感到曾经热烈到热切的人生梦想彻底破灭了。上初级中学时,关于人生前途还黏黏糊糊，而一当坐进高级中学的教室，便想着某所大学，几乎再无第二种意向。我是我们那个小村庄的第一个高中毕业生。我回乡务农的事实开了一个念书白念也白花钱的糟糕先例。当然，关键还是对我自身的挫伤，"说鬼"没有说完，更遑论完美，这个意象里的鬼便刺刻在我的心灵深处。

单举填表一例。从我走出学校走进社会，几十年来不知填过几百成千次表，无论什么用途的表，不可或缺"文化程度"专栏，我都填写"高中"。每一次写着"高中"这两个字时，心底便泛出"说鬼"这道作文题目来，几乎没有一次幸免。尽管随着岁月的流逝和年龄的递增，"说鬼"泛出的心理滋味渐渐淡化；尤其是得幸成为一个作家写出了一些作品，"说鬼"没有说完全的那种无以言状的挫伤感基本平复，然而仍缺失不了填表每遇"文化程度"栏目写着"高中"俩字时，便泛出"说鬼"的事。那情形极其类似走过村子西边土坎下孤坟时头发倒竖头皮生凉的生理反应。孤坟野鬼致成的是纯粹的恐惧，由恐惧致成的头发倒竖头皮生凉的纯粹生理反应竟然成为根深蒂固的生理惯性，即使成为无神无鬼的唯物论的信徒，仍抑制不住生理惯性的发生。相对而言，"说鬼"写作的失败造成的心理伤害，是我人生历程中可以用致命来划档的三两次最厉害的伤害之一，且是第一次。

高考落榜的那年暑假，我不止一次于半夜里惊叫着翻跌到床下。父亲大约担心我会弄成"神经客"，却也只有一句平常的话来劝慰：天底下农民一层人哩。正是这句平常到平庸的话，遏止了我的慌乱无着的情绪的恶性发展,我的人生参照是中国最庞大的人群——农民,我的悬空的心便落到了鸡鸣狗叫猪哼哼的村巷里了。然而,"说鬼"里的那个纯属意象的鬼,尽管没有村子西边土坎下孤坟里的野鬼可怕,却远远超出其伤害的重和深。有一年我被邀出国访问,办公室王主任让我填写出国申报表时,笑着为我建议,在"文化程度"栏目里填上高等学历,至少应该填成大专学历。他替我操心,怕我以往所填的中等学历会被洋人轻视;他又为我释疑,反正也没人查验毕业证书。我拿着表格回到自己办公室,犹豫之后,还是填写上"高中"二字。这一回,"说鬼"里的鬼所引发的心理反应较大,办公室王主任好心替我出谋划策的时候,这个意象里的鬼就在心里泛浮出来,一直盘旋在心头,直到我回到自己的办公室,直到我犹豫不决的一段时间,直到我终于拿定主意写上"高中"二字,那鬼才隐去……村子西头孤坟里的野鬼和高考作文"说鬼"里的鬼,竟然几乎伴我一生,我至今辨不清有幸或不幸。

还遭遇过更严峻的鬼事。

上世纪80年代后半段写作《白鹿原》时,涉及田小娥被杀后变鬼的情节,有二,一是田小娥的鬼魂附着在杀死她的公公鹿三身上。关于这个情节的合理性和我写作的原意,且不自白,以免自我阐释之忌讳,单说出处。

乡村中的层出不穷的鬼事,有一种便是鬼魂附体,即刚刚死去不久乃至死去多年的某个男人或女人,其鬼魂附在活着的女人或男人身上(女性居多),说出他或她生前未能实现的心愿,甚或冤情。被鬼魂附体的人往往处于失去自我的半癫狂状态,说出的事乃至说话的口吻,都很像死鬼生前的神态。

我小时候看见过被鬼魂附体的人,成年及至中年也都见过和听过。印象深的是一个接近成年尚未成年的女孩,昏倒在灞河岸边的浅水里,被午后出工的人发现救回家中,恢复知觉后便自说自话,竟然说什么他被淹死灞河的事,亏了什么他的妻子养大了孩子……云云。那口吻显然不是一个尚未成年的女孩说话的习性。她说着说着又昏厥过去,围着的女人们便往她身上扣一张簸箕,用桃树枝条抽打簸箕(桃树枝条驱邪),她竟又苏醒过来,又自说那些鬼话。我看得身上直起鸡皮疙瘩。我写田小娥鬼魂附着鹿三的情节,得益于许多年前亲目目睹的鬼事。

然而,让我敢把这种可能被认为是"宣扬迷信"的情节写进小说,却是得了马尔科斯的启示,他敢让他的人物长出尾巴,我何必要忌讳写鬼。再说,他让人物长出尾巴等情节属拉美魔幻。我面对至今也不能消除的乡村鬼事,自审依旧属于生活真实的现实主义范畴。好在基本没有人批评我"宣传迷信"。

二是田小娥的鬼魂不散制造瘟疫,朱先生和白嘉轩修塔镇压的情节,却出了一点麻烦。关于这个情节的合理性,同样不作阐释,我已因评论家和读者的评说深感欣慰了。麻烦恰恰出在关于这个情节的写作上,有一位批评《白》的评论家说,这是模仿鲁迅《论雷峰塔的倒掉》里那座镇压白蛇的塔而写作的。如实说来,我从构思到实施写作这个情节时,确实想到过镇压白娘子的雷峰塔,我最终没有回避，是以为此塔与彼塔还是有区别的。再者，储存在我记忆里的塔，有记不清的许多座，而镇压白娘子的雷峰塔是在中学语文课本上才知道的。单说我们那个三四十户人家的小村庄，不仅有四座敬神的庙，敬着关公敬着佛爷（不知谁），还有一座仅为一间房的马王爷庙，那是为保家畜安全而修建的最小的庙。此外，还有四座镇邪驱鬼的高低和粗细不同的塔，分别建在村子的东头和西头。

我能在村子里玩耍的年纪，常和伙伴在其中的三座塔周围游戏，至于这三座塔因何故而修建，不甚了了，而第四座塔却是我眼见着修建起来的。上世纪50年代初，我们村子发生过牛的瘟疫，作为农户半个家当的犍牛和母牛一头接着一头死掉了，我父亲养的一头黄色皮毛的牛也未躲过。第二年又有一种儿童传染病流行，村子里夭折了六七个娃娃。接连发生的灾难，搞得村子里一片悲伤的气氛，便有人出招，应该找一位能禳灾驱祸的阴阳先生来，看看哪儿出了毛病。被请来的阴阳先生很认真，把我们村子东部和西部的坡地踏察了一遍，最后把脚步停驻在村子西头稍微偏后的小台地上，说，给这儿修一座塔。据说他给村里干部说明修塔的原因，是村子东头有一道深沟，村口已有一座塔，避了邪气妖孽，邪气妖孽却从村子西边的沟里钻进村子来施虐了。村里干部召集全体村民议事，得到一哇声的拥护，家家户户都交去了该分摊的粮和款，这座青石垫底料礓石砌身青砖镶顶的塔很快垒成了，塔的高度和塔身的直径，都是严格遵照阴阳先生设定的尺码修筑的。这是

我经历的鬼

我眼看着平地而起的一座塔。

我家在村子西头的倒数第二家,距这座新修的也是村子里最高最粗的塔,不过百十步距离,尽管当时我只是一个小学高年级学生,似乎隐隐也感觉到了驱邪避灾的安全感。其实,何止我们那个小村子,在我走到过的大大小小的原上原下的村子,都有敬神的庙,更有驱邪避祸的塔,有的且不止一座。

乡村里后来经历了一场连一场的运动,传承了许多代人的敬祭神灵的庙会废止了,香火也断了,庙里神像的色彩也渐渐褪色,以至褪皮,再也没有谁敢张罗重塑,却也没有人搬掉神像,而是一任其垮塌。塔更无人问津,风吹雨淋,村东村西的四座高低不同的镇压不同来路鬼魅邪恶的塔,先后倒塌,了无痕迹。这些敬神驱鬼的庙和塔的消亡,主要是多种运动扫荡的结果,也包含着乡民对神和鬼之事看法的变化,通常说觉悟提高了,起码对神鬼这类被指斥为封建迷信的事是如此。我在高中政治课上学习《辩证唯物主义常识》时,又有附加教材《不怕鬼的故事》,自信已基本确定为既不信神又不信鬼的唯物论者,回到村子听到鬼事时,我便向乡民宣讲纯属迷信的道理,年轻气盛到不能容忍鬼事继续迷蒙乡人。尽管如此,直到我在上世纪80年代中期回看白鹿原前半世纪的生活演变时,那些沉潜在记忆深处的庙和塔里的神和鬼,以及我亲历的听说的鬼事,竟然也都浮泛上来了,而且不仅只是封建迷信的概念,而是和原上原下的男女人物的心理结构中的文化色彩大有关系……无法排除神,更无法回避鬼,尽管知道法海用雷峰塔镇压过白娘子，仍然让白嘉轩把田小娥的尸骨压埋到塔下，不惜犯模仿这种写作之大忌。唯一让我可以强词夺理的因素，便是原上原下那个时代里的真实生活的难以回避的世象，白嘉轩面对田小娥的鬼魂，除却修塔这种惯用的也是极端的手段，似乎都不足以达到彻底解决的目的。

　　生活发展到改革开放的年代，科学思维以迅猛之势连续冲决政治概念上的个人迷信，无疑给人鼓舞，而传统习惯里的封建迷信却在刚现宽松的社会氛围里死灰复燃。上世纪80年代初，我的家乡的一座业已拆除多年的古庙又得以重建，引发了不大不小的社会舆论。这座古庙位于白鹿原北坡西段，曾经是西安城东规模最大的一个庙会，每年农历二月二俗称的龙抬头的吉祥日子为会日，人山人海。大约在"文革"前两三年已被拆毁，倚坡而挖的敬着多路神仙的窑洞也被挖掘机械毁掉了，那儿刚刚建立了一家机械生产砖瓦的国营工厂。二十多年后，当地乡民串通联手，捐资捐粮，在原坡上很快挖出新窑洞，窑洞里又塑成了神像，二月二烧香拜神包括乞子的庙会又红火起来。当地政府曾经力阻而不能止，随后就任其自然了，直到现在红火依旧。我曾在事发之初，理智和情感上都不能接受这种封建迷信活动，曾写过一篇随笔类短文发在当地报纸上，不惜惹恼乡党。然而谁也不在乎我那篇小文章，庙会每年依旧红火，我也只能随其自然了。

　　说了这些鬼事，似乎想图得一缕抛却的轻松；回头一想，其实无论镇鬼的塔或记忆里的鬼事，早已失去分量，仅留下习惯性的生理反应;写罢这篇谈鬼事的文章,不知能否除去头发倒竖头皮发凉的生理反应,还有"说鬼"没有说好更没有说完全的心理亏损,也只能随其自然了。

2010年8月8日二府庄

原上原下樱桃红

白鹿原的樱桃红了。

时令刚过立夏,向阳面的原坡上的樱桃率先红了;晚不过两天,原下灞河川道里的樱桃接着也红了;再过两三天,受地理高度温差制约的原上的樱桃,最后红了。

这个时候的白鹿原,便进入一年里最红火的时月。原上原下和原坡,新修的水泥大道和田间小径,便呈现着车水马龙熙熙攘攘的车流和人群,这是西安城里的男人女人或搭伙结伴或扶老携幼摘樱桃来了。他们散漫在樱桃园里,伸手攀下缀满或紫红或金黄的樱桃的树枝,摘下一串一串熟透的樱桃,填到嘴里,便发出舒心的赞叹,好鲜好甜耶。更有男孩或女孩,攀爬到树上,从树梢上摘下最大也熟透的樱桃极品,下树来送到情侣手里,会心的微笑里荡漾着别具一格的浪漫。喧哗声嬉笑声和呼朋唤友的声浪,此起彼伏在樱桃园里。原上原下通往樱桃园的大道和小路两边,摆满了盛着樱桃的筐篮和纸箱,叫卖声议价声嘈嘈一片,交易活跃。我看着那些抱着一箱箱樱桃乘车离去的男人和女人欣慰的脸色,无疑是北方这种第一料鲜果独有的滋味带来的。我更感兴趣的是那些出售樱桃的卖方收款装钱的动作,无论农夫农妇抑或小伙姑娘,从买方手里接过钱来数一数,尽管数钱的手指的动作有灵巧和笨拙的差别,而脸上的表情却无多大差异,不见惊喜,更不见得意,多是数过之后塞入挂在胸前的布兜,无论三十五十乃至三百五百,都是以习惯性的动作塞入布兜了事,又忙着招呼围过来的新的顾客了。他们一把一把往布兜里塞着钱时所显示的平静而又平常的表情,可以透见原上原下乡民的心理气象了。

这里的樱桃,在我已形成难以化释的情结。

我至今依旧清楚地记得,四十六年前的1965年,我在《西安晚报》发表过散文《樱桃红了》,是歌颂一位立志建设新农村带领青年团员栽植樱桃树的模范青年。这是我初学写作发表的第二篇散文,无论怎样幼稚,却铸成永久的记忆,樱桃也就情结于心了。樱桃在我生活的白鹿原地区,是当地乡民种植的诸如桃、杏、沙果等果类中的一种,多在原坡不能种植庄稼的坡地上生长,没有资料显示何朝何代开始栽植这种水果;村子里年龄最大的长者也说不清,只记得自己穿开裆裤的幼稚年纪,就吃樱桃,吃着自家园里的樱桃还嫌不够味儿,常常结伙偷摘品尝别家的樱桃。当地人自古以来不称樱桃,称作玛瑙。如果依这种水果的果形和色彩而论,玛瑙远比樱桃更为恰切也更富诗意,那缀满树枝的一嘟噜一嘟噜或鲜红或金黄的小颗粒,活脱就是一串串珍珠玛瑙。

加深且加重这种樱桃情结的另一种因素，说来就缺失浪漫诗性了。我在白鹿原地区生活和工作大半生，沉积在心底的记忆便是穷困的种种世相。不单是我和我的家庭，整个白鹿原的乡民，从年头到年尾都纠结在碗里吃食的稀了稠了有了空了。尤其是我在公社（现称乡或镇）工作的十年时间里，体味尤深。每年交上五月，即民间俗话说的青黄不接的时月，一些生产队（即今村民小组）的干部便三天两头赶到公社来，堵住分管粮食的干部，百般申述缺粮的困境，要求多给他们分配救济粮食。这些求助的生产队干部，多是来自白鹿原北坡上或大或小的村庄。坡上沟道里有小股泉水，仅供人畜饮用，"学大寨"大潮中修建过一些蓄水池，效益甚微；北坡上的田地，多为跑水跑肥不蓄墒的薄田，仅种一料庄稼的小麦产量，顶好的年份不过二百斤，遇到干旱缺雨的灾年，稀疏矮小的麦秆儿搭不住镰刀，只好用手撅拔，俗称猴拔毛，产量就可想而知了。上级调拨下来的救济粮可以说是杯水车薪，分管粮食的专干即使慈心软肠也只能撒胡椒面儿。那时候的樱桃虽然依旧开花结果，却当不得饭吃。随着"文革"愈来愈"左"到极端的农村政策，一只鸡蛋卖给国家还是卖给城里个人，都被提高到资本主义和社会主义两条道路斗争的严重性看待，又有"以粮为纲"的纲纪，樱桃树虽然没有被铲除，却也不提倡，处于自生自灭状态。尤其在"学大寨"学得几乎发疯的"文革"后几年，许多生长在坡地上的樱桃树，因为修造梯田而砍掉了。有幸存留的樱桃树，在青黄不接的五月初成熟的樱桃，由社员摘下再送到指定的国营商店，换回的有限的钱款,成为生产队空乏已久的钱柜里的库存,首先作为头等合理开销的项目,便是给发生疫情的牲畜作疗治费用,弥足珍贵。

在西安郊区辖属的二十六个公社里,地处坡、原和山岭地区的公社不过两三家,与那些占据渭河平原腹地的公社相比,难以望其项背。这两三家自然环境较差的公社干部遇合到一起,便自我调侃定位为"第三世界";在"第三世界"里,我工作的原坡地区当属垫底的一家,走到处似乎都有矮人半截的感觉,所谓人穷气短不单说个人,工作单位似乎也应此话,我有双重体验。

彻底扭转以致完全改换那种不良感觉的卓绝一笔,便是樱桃。我约略知道,自上世纪 80 年代中期起始,灞桥区的领头人,既得改革开放之"天时",更度白鹿原地理特质之"地利",确定该地区以樱桃种植为主业,为乡民开创一条脱贫致富的途径。且不赘述领头人和技术人员如何四处奔走,引进西洋大樱桃品种;如何向乡民推广普及樱桃种植的技术要领;还有为樱桃的销售不遗余力……我尤为赞赏尤为敬重的一点,二十余年来,灞桥区的领头人调换过一茬又一茬,而一茬又一茬的新继任的领头人,都一如既往地瞅住樱桃园的建设和发展,终于形成气候,形成产业化的规模。单是白鹿原原上原下和原坡,现已种植樱桃 2.4 万亩,结果的樱桃树有 1.5 万亩。三千余户乡民现在年均收入超过四万元,人均超过万元,竟然比本区那些过去的盛产粮食的平川地区的人均收入超出近两成。尽管我知道读者逆反文章里引用数字,仍然忍不住要把这些数字摆列出来;这些数字牵涉我的情感,其至颠覆了情感记忆里最软最短的那一脉。我确凿相信这些数字,尽管没有必要挨家逐户去询问谁个收入了多少,因为你随便走进原上原下和原坡的或大或小的村庄,一街两行全部都是新建的房子,有平房也有二层小楼,三合院司空见惯,迎着大门的正面几乎全部都用白色瓷片包装,一派崭新气象。这里的乡民积习已久善于门楼的建筑,却几乎很少见到老祖宗们用青砖刻着神鹿白鹤的图案,而是用现代建筑材料或白色或紫红颜色的瓷砖,给人直观的感觉是清爽和温暖。每每看到这些宽敞漂亮的农家小院,我便想起高晓声的小说《李顺大造屋》来,如果说李顺大是上世纪80年代初以前的中国农民生活形态和心理形态的一个典型,那么白鹿原上下一幢幢新房小楼的主人,便是对李顺大的终结。我在原坡的樱桃园里散漫时,看到龙湾村几幢破旧的厦屋,墙皮多半脱落,房檐多处垮塌,垒墙的土坯暴露无遗。这些尚未拆除的旧房破屋,却勾起我的似曾相识的记忆,在这些屋子里,我当年下乡时吃过派饭,约略还记得房子的主人。他们不是作家创造且难免夸张的李顺大,却是我亲历且认识的真实的村民。

有朋自远方来,恰逢樱桃成熟的五月,我便领他们上原摘樱桃。站在白鹿原头,原上平地里是蓬勃着的樱桃树,一眼难尽;原坡上随着坡势和浅沟起伏错落着一派绿色,自然都是樱桃树了,几乎看不到裸露的地皮;原下的川道,灞河自东而西蜿蜒过来,几乎被满川的樱桃树遮掩住了。朋友无论男女,也不论长幼,站在原头观赏这一方自然景致的时候,无不发出由衷的慨叹,你老兄(或老弟)竟独得这一方活水绿山！我便凑兴纠正,这不是山,是原和原下的坡。另有一点需要纠正的,活水绿坡绿原只是当今的景象,为不致扫兴,我不想提过去。远方的朋友多见过中国和世界多处的好风景,能对白鹿原的樱桃园流连忘返感慨连连,储存在我心底的那种"第三世界"的块垒,便悄然化释了。

进入五月,便进入这座古原最红火的季节。果农们选择了早熟和晚熟的多种樱桃品种,采摘的时间可以延续月余。这座雄踞于西安东南方位的开阔的古原,距离西安不过十来公里,工余假日,人们呼朋唤友引妻携子,驾车不过半个多小时便进入樱桃园了,或上原或上坡或到原下的河川,尽都是缀满红色金黄色珍珠玛瑙的樱桃树,诸种烦恼和疲倦顿然消解了。当各种媒体大呼急叫着西安城区应该形成"低碳"的健康空间的时候,这里的樱桃园无疑是一方天然氧吧,从城里赶来的男女老幼,从树枝上摘下一颗颗樱桃填到嘴里嚼咂品尝的时候,或在樱桃园里逸情漫步的时候,把在城市里吸入的污浊废气全都排出了,获得一种神清气爽的生命活力。即使在樱桃清园以后的夏天和秋天,原上原下和原坡的果园和小路上,仍有不少城里人观光散心,迷恋这个天然氧吧的洁净的空气。

每到清明,樱桃花开,原上原下和原坡,尽皆是粉白的樱桃花,香气弥漫。树叶刚刚吐芽,花儿却灿烂了,这原这川这原坡,望去是纯一色的樱桃花的世界。果农们忙着种种技术性管护,只企盼樱桃开花时不要下雨,雨水灌花就结不出樱桃。城里人搭帮结伙来赏花了,散漫在樱桃花的海洋里,留几张以樱桃花为陪景的照片,在农民开办的"农家乐"饭馆吃一顿地道的农家饭菜,不仅释放了胸中积存的废气,缓解了办公室或工作台上的紧张的神经,把粉白的樱桃花储入胸间,当属滋养精神心理的氧。

有朋友要约见,我便顺口说,如果事由不急,最好五月来,或清明前后来,或摘樱桃或赏花,坐在农家屋院或果园里说话,我会有最佳的情绪;相信南方北方来的朋友,也会感应而生诗性的灵气。

2011 年 5 月 30 日二府庄

饭事记趣

几位朋友聚餐,没有任何正经话题,全是随心所欲,即兴发挥,难免东拉西扯,却多为逗笑开心的生活趣事逸闻。记不得谁说到自己幼年时期经历的艰难生活,为争食半碗锅底铲下的锅巴,曾和长自己两岁的哥哥动手厮打。这种锅巴我也喜食,那是用很细的苞谷糁子熬烧稀饭时,大铁锅底留下的一层沉积糁子,被烙得金黄,用锅铲铲下来,多成卷儿状,味道甘美且不论,在"三年困难"时期,一天三顿喝苞谷糁子的情状里,吃不上面条,更见不到馍,这种半干的锅巴则耐得住饥饿;父母把这种稀罕吃食全让给孩子,孩子多的家庭,会分给每人半勺,或轮流吃……

由此引发出我有关吃饭的记忆,便凑热闹说了两三件有关吃饭的事,朋友们甚觉有趣,有人便说,你不妨把这些轶事写出来,挺有点意思。这话倒让我记住了,而且又触发出几则吃饭的事。我想,人一生要吃多少顿饭,吃过也就忘了;而吃过几年乃至几十年的几顿饭难以忘记,这几顿饭就在人生行程中留下印痕;这种多属饥饿年代的有关吃饭的事,会让今天以营养成分调配吃食的读者感到好笑,也不顾忌了,索性让大家笑一回,何妨……

  确凿记得是1967年5月末的事。这是"文革"派性闹得最疯狂的时月。我供职的公社(即乡镇)农业中学早已停止上课,学生虽然也搞成两派造反组织,却在本公社社区无甚影响,多数学生早回家了。七八个教师也是去留自便,常来的人没有谁夸奖你坚守岗位,常常不来的人也没有谁计较你失职。到了5月末,"靠边站"(即罢官)的校长突然挺身而出,通知所有教师返校,他要安排学校收割麦子的事。农业中学属社办公助性质,学校搞勤工俭学,在学校西南边的荒坡上开荒种地,播种了几亩麦子,还栽下不少果树。这方坡地在白鹿原西头的北坡上,紧依着汉文帝的倚坡而建的陵墓,史称灞陵,因坡根下流淌的灞河得名,白鹿原由此也称灞陵原。灞陵的坡形,东西两边有着几处基本对称的凸出和凹进的地形,活脱如展翅飞翔的凤凰,灞陵的民间名称为凤凰嘴。就在凤凰嘴的东侧,有农业中学师生开荒播种的麦田。这方地域向阳,又因坡高缺水,麦子便早熟了。校长尽管作为当权派被冷置着,却操心已经基本黄熟的麦子,着急了。

  且不说这七八位教师怎样汗流浃背地收割麦子,再翻沟过梁人背车拉运送麦子,以及人做畜牲拽着碌碡碾打麦子,单说开镰之日的第一顿饭。教师们聚集在离灶房最近的一座教室里,炊事员老头把刚刚蒸熟的馍端到教室里,当众揭去大蒸笼里的垫布,一片冒着热气的白花花的馍晾现出来。校长宣布：大家割麦运麦要出大力气，这馍就随便咥（吃）。这个主意是我拿的，如果违反粮食政策被追查的话，我负责，处罚就处罚我，与大家无关。校长话音刚落，教师们便动手掂起纯麦子面馍咥起来，就着咸菜，喝着稀米汤。我也不甘落后，早掂来一个馍咬下去了，竟顾不得吃咸菜，白面馍本身香味的巨大诱惑，让我心无他顾，三下五除二就把一个馍吞咽下去了。大家几乎腾不出嘴来说话，自顾自地吞咬咀嚼着馍，教室里一片静寂，咀嚼馍块的或轻或重的吧唧声便突显出来。大约在大家吃到八九成饱的时候，才有人说起笑话，是以某位先生吞咬馍块的怪异表情为由头，随即引发笑声和互相调侃的轻松气氛。多少有点"文革"派别不同"政见"的隐性纠葛，在猛吃狂咥的放浪形骸的欢愉氛围里，暂且忘却了。

有人突然提议，各人自报咥了几个馍，并解释其意图，既不收粮票也不收钱纯属白咥，所以希望如实招来咥了几个。说完，此兄把眼光盯住了我，哈哈着命令：你先报！

我顺口报出：七个。

似乎稍有惊讶之音，却不强烈。随之一个个都报出数来，却没有一个超过我的，连持平的也一个没有，只有一个人报了六个。多数人都报了五个，男教师只有一个人吃得最少，四个。两个女教师都说吃了三个。我当了一回冠军，平生仅此一回。参加过几次篮球、乒乓球和象棋赛事，从来没拿过冠军；一顿咥七个馍的纪录，在农业中学教师的范围内未曾被人打破，我自己后来也未能再刷新。

饭后便提着镰刀到凤凰嘴东侧的坡地上割麦子。我感觉到胃里很撑，也很沉。那时候的馍都习惯以二两为规格，再加一碗稀米汤，我的胃里至少装着两三斤重的食物，馍的计量标准的二两，是指干面粉，和水蒸成馍，不会少于四两。当我挥动镰刀割麦子的时候，感觉到了难受，也就伴之而生悔意，吃得太多了。这种因为贪吃而发生的身体负担以及后悔情绪，在我却是久违了的别一番感慨。许多年来，吃饭已经形成习惯，就是抑制住饥饿便罢手也闭口，很少有吃到一满饱的机遇。每月三十斤粮食定量，我通常是以三四四来分配一天三顿伙食的数量的，计量单位是两。这样的配额，连半饱似乎都勉强，自我感觉就是仅仅"压住了饥饿"。尽管这样，三十斤粮票仍然维持不到月底，便从家里蹭来吃食弥补亏空……

我现在的工作点有餐厅，在我看到吃剩的大半个馍和小半碗干面条或米饭被倒入垃圾桶的时候，常常会泛出曾经咥过七个馍的往事来。且不说可惜了粮食这种陈年老话，我也不无庆幸，中国人不仅告别了如我四十多年前丑陋的食量和吃相，而且可以随意扔掉吃剩的馍、米饭和面条，连眼皮也不会眨一眨。

大约是我被抽调到公社（乡或镇）协助工作的第二年冬天，我跟一位领导到白鹿原北坡上的一个村子去驻队，还有当地驻军（军校）的一位教员和一个战士，四个人组成一个工作组，单项任务是重建生产大队一级的党组织——党支部。"文革"把各级党委和基层党支部全部搁浅了，现在要恢复重建。这个村子派性比较复杂，更深层的渊源是三大姓氏的由来已久的积怨。如何化解矛盾,争取在上级规定的时限内,完成党支部重建的任务,说来话长,不是本文的主旨,这里只说一件轻松有趣的一顿饭的事。

下乡驻队在我已经成为习惯性工作,且不说公社机关对干部下乡纪律的严格规范,单就常识而言,到农民家吃派饭不能有任何要求,农民日常吃什么,也就给我等下乡干部吃什么。其实许多人家在轮到为下乡干部管饭的一天,总要比自家平时的饭食做得更好一点,他们平时多吃汤水面条,给干部做一碗干面条;平时他们多以苞谷面做馍,给干部吃的馍里,总要掺进一些麦子面粉。这是当地传统习俗,不能慢待客人。每遇到这种优待饭食,我便对主人说,下顿不要这样了,却收效甚微。这回下乡搞建党支部的这个村子,地理环境缺水,每遇干旱便难保收成,村民的粮食多数吃不到新粮下来,我们工作组的几位干部也就更自觉地接受粗食淡饭了。

关中乡村自古一天三顿饭,与别的地区无差异,差异在吃饭的时间。农民天明便起身下地干活,上世纪50年代中期农业合作化之前的个体经营时期是这样,农业合作化集体经营时期依旧遵循着这种生产和生活秩序,干活大约到九点十点(冬夏差别)回家吃早饭,午饭大约在两三点钟,晚饭就是天黑收工以后才吃的。我和工作组的人也是入乡随俗,改变了在公社机关早晨起来先吃早点之后才上班的习惯。这一顿记忆颇深的饭是一顿早饭。

我们四人分成两组,主要考虑农民家庭一次管四个人吃饭负担太重,我和领导为一组,从村子西头到东头一家接一家往过吃;

两位军人为一组,从村子东头到西头一家接一家往过吃。无论吃得好吃得差,我们从来不议论,其实没有谁规定不许议论吃食的好坏,也没有人提醒,却都闭口不提,似乎是一种忌讳。那天早晨到早饭时,一位穿戴整齐的青年来叫我吃饭,干净整洁的中山装,浓密油黑的头发梳理得很整齐,谦和的笑容里显示着彬彬有礼,截然区别于农民,尽管难以判断其职业,却可以肯定是一位吃商品粮挣工资的公家人。在靠挣工分生活的绝大多数农民家庭中,谁家有一个能有固定月工资收入的公家人,就意味着这户人家在普遍贫穷的村民中优裕的经济地位。我和我的领导——工作组组长,跟这位公家人去他家吃早饭。

一个老式方桌,周围摆着条凳,我和组长坐下,陪坐也陪吃的就是这位公家人。组长说,让家里人一起来吃嘛!公家人说,你不用管,他们吃他们的。组长也不再勉强。我却有点敏感,大约是为我们做了好吃食,却不多,只供我和组长以及公家人吃,其他人包括他的父母和姐妹兄弟都不上桌了,是为着节省。这种情况遇见过不止一户人家,也确实令我吃着不自在。公家人先端来一大碟酸菜和一盘红苕,又端来两大碗苞谷糁稀饭,继之又为自己也端来一碗稀饭,热情地招呼我和组长,吃!快吃!天冷得很,小心饭凉了。我先喝稀饭,稀饭稀到筷子上挂不住苞谷糁。我再吃红苕,全是如同未剥皮的花生那样大的堪称袖珍红苕。吃红苕一般要剥去薄皮,这小红苕捏在指间,尤为难剥,我索性连皮吃了。这些未发育长成的小红苕,内里多丝,那丝如同纤维,韧性很强,咀嚼不碎,又不好意思吐出,我便囫囵咽下了。我吃饭的心情有点不好。我家也在农村,每个村子都种植红苕,因为红苕产量大,可以充饥,在困难时期的农村,每个生产队都扩大了红苕种植面积,家家都挖着一口储存红苕的地窖,从初冬一直可以吃到来年初夏即将接上新麦。乡民说,一年到头,红苕坐庄。更有说得损的话,红苕是救命的爷。生产队大量种植多产的红苕,不仅成为村民锅里碗里的主食,红苕的叶子可以窝制酸菜,红苕的蔓和根是喂猪的上佳饲料。我在公家人餐桌上所吃的袖珍红苕,其实是红苕根上不值得采揪的舍弃物,通常都是和根蔓一起晒干粉碎后喂猪的。我猜想这些袖珍红苕的来路,是从生产队分配给他家作饲料用的红苕根上摘下的,或是从挖过红苕的地里捡拾的遗弃物。可见这是一个很节俭的人家。公家人一直陪着组长和我吃饭,不断地招呼我们吃饱吃好。直到我们放下筷子说吃好了,他仍然礼让我和组长再吃几个红苕。

出了公家人的大门来到了村巷,组长说要到老支书家说事,我便跟着他走,谁也不说这顿早饭吃得如何,已成习惯。走进老支书家的大门,迎面看见他正跷着腿坐在方桌旁,捉着一根烟袋抽旱烟,走近了又看到尚未收拾的碗筷和菜碟,还有一盘馍。未等组长开口说事,老支书抢先问:吃好了没?我和组长异口同声说,吃好了。老支书很惊讶地说,哎呀,算你俩有福。我能听出他话里的异味,却仍然说,好着哩好着哩。他哈哈一笑,说,自解放到现在,来到村上的干部,在这家管饭时,谁也甭想吃一顿好饭。组长也笑着说，好着哩。老支书说，不好你也不说不好——你有纪律哩。老支书说，曾经在某年有某个下乡干部在这户人家吃派饭，喝的是挂不上筷子的稀溜溜苞谷糁子，还没有馍，干部喝了一肚子稀汤，不到午饭就饿得撑持不住，跑到他家来，二话不说就伸手在装馍的笼子里抓馍吃。他说他曾经提醒过这户人家的主人，却不奏效，后来便不让他家给外来干部管饭，人家还不依。老支书解释说，干部吃派饭交钱又交粮票，仍怕村民吃亏，生产队给管饭的人家再发一份补贴粮，少则每天一斤，多则二斤，会有余头的，所以村民一般都争着给下乡干部管饭。说到这儿，老支书又问：有馍吃没有？我觉得既不好说没有，也不宜说谎说有，比我老到的组长笑着把话题转移开来，说起工作的事项。老支书还不尽兴，继续说，这户人家在村子里是日子过得相对窝逸的，家里大人都不少挣工分，又特别节俭，尤其是有一位挣钱的公家人，"文革"发生前的大学毕业生，月工资听说在六十块上下……组长再次把话题岔开。老支书末了还说，这是这家人的家风，我说了你俩就不见怪了。要是肚子饿了耐不到晌午饭，就到我这儿来拿馍……午饭和晚饭依旧，无需赘述。

顺便说一下这位老支书。这是解放后乡村里发展的最早一批中共党员，历任乡村各种干部和支部书记，刚刚进入中年，俗称老支书。老字不指年龄，而是指任期比较长久，"四清"运动整得死去活来，却没有任何问题，最后仍为支部书记。"四清"运动结束不到一年，"文革"又开火了，他又被当作"走资派"打倒了。这个人性格中有一种天然的幽默智慧，面对灾难善于自我解脱，便是自己调侃自己:"四清"运动把我打倒了,又把我拽起来;我还没站稳哩,"文革"又把我日倒了……组长心里有数,这个村子的支部书记非他莫属,关键是化解派性,做好党员和群众工作……喝一顿太稀的稀饭吃一些过碎的红苕,算什么了不得的事嘛。

粉碎"四人帮"之后第二年,刚过完春节上班不久,我被公社(现今的乡或镇)派到一个生产大队(村子)去驻队,任务单纯,调查一个在"四清"运动中被打倒开除党籍的前支部书记的案情。调查小组由三人组成,我被任命为组长,另两位组员都是公社党委从农村临时抽调参与这项工作的,一位是一个村子的现任党支部书记,男性,比我长几岁,另一位是回乡高中毕业生,年龄虽小,有一定文字能力,是作笔录等文字工作不可或缺的人手。这个临时组成的专案小组,是受上级(市和区)的指示作出的,对"四清"运动中被整被打倒被处分的大批干部选几个对象,重新调查其案情,作为试点。这件事非同小可,我们三人小组刚刚入驻那个村子,便惹起一片风声,纷传陈某人要给"四清"中被打倒的某某人翻案了。任谁都能想到这村那寨"四清"中受到打击和处治的干部对这件事的关切之情。

就我亲历的上世纪60年代农村的风风雨雨而言,一直留有一种也许是偏颇的印象,"四清"运动对集体所有制时期的乡村社会的破坏程度,不仅前所未有,甚至超过后来的"文革"。"文革"的矛盾焦点主要指向公社以上的政府机关,农村里村村都有造反队,首当其冲的自然是生产大队的党支部和大队长,而主管生产决定春播秋收和粮食分配多寡的却是生产小队,造反派一般瞅不上生产队长那个太小的官位。野心大点的造反派先夺公社的党政大权,野心更大的造反派头子再夺区或县以至市和省的大权,绝大多数男女社员依旧干农活儿挣工分过日子。"四清"运动之前,对乡村社会破坏最厉害的是大跃进吃大锅饭,直接导致"三年困难"民不聊生的惨景。然而经过中央及时而又务实的政策调整和纠正,农业生产很快得到恢复,到上世纪60年代中期,多数生产队基本解决了吃饭问题,呈现出毛泽东此时写的一首词里所说的"莺歌燕舞"的气氛。然而,好景不长,莺尚未歌到尽情处,燕亦未舞到尽兴时,"四清"运动由试点到全面很快推开,大兵团的人马浩浩荡荡进驻到大大小小的村庄,生产大队和生产队包括会计出纳在内的干部全部被推上被斗席。历时半年的"四清"运动结束,生产大队和生产队的主要干部至少十有七八都被整下台去,撤职不算最重的处罚,更有被开除党籍,还有被经济退赔时连房子也折价抵账的惨事,且有人自杀。我后来看到了更为严重的后遗症,许多村子的生产遭到难以弥补的破坏和损失,这个时期被打倒被处罚的干部,尤其是生产大队的书记和大队长,多是从解放初锻炼成长起来的一批主宰农业合作社的优秀骨干,能力弱或品行差的人早淘汰了。"四清"运动的最后结局,用农民的一句话概括,把那些好干部"一竿子全扫光了"。农村比不得国家机关和工厂企业,可以调换领导干部,而一个村子要成长一个主要的树得起威望的领导干部,确非易事。我所看到的事实是,许多村子在"四清"后安排的新干部,因为能力或品行太差难以胜任而自动辞职;有的不甘辞职却指挥不灵,村子里的各项工作和生产搞得一团糟。这种局面不是一年两年所能改变,说遗患无穷似不过分。我到这个村子来复查那位被开除党籍的原支部书记的案情,在我确是一种踊跃心态。

这位复查对象,原是本公社的一位先进典型人物,到"四清"运动发生之前,他早已是在本区和西安市都挂了号的模范干部。我做乡村民办教师那几年,已闻知他的大名,却难得接触,不料在他被打倒十余年后,由我来复查他的案情。我也明白,对此人案情的复查,是上级抓的一个"点",不仅关涉他一个人的命运,更关涉无以计数的"四清"运动中被处治的"四不清"干部的命运,我不仅踊跃,更为谨慎。正是在这次长达两三个月的驻队时月里,我吃了一顿至今难忘的饭。

在公社工作已有十个年头,每个村子都吃过派饭,无论吃得好或差的饭,吃过也都忘记了,我可以自信的是,我从来没有弹嫌过谁家的饭不好吃,倒是对有些特别照顾而做的好饭,我提醒主人不要为我浪费白面。记得有一次吃派饭,竹篮里盛着香气弥散的纯白面锅盔,男主人陪我吃饭,女主人和孩子却不闪面,我也不在意,关中风俗多见如此,自然属男尊女卑的封建遗风。喝完一碗稀饭,还想再喝半碗,陪我的男主人要去为我舀饭,我二话不说便自己闯入灶房去了,眼前的景象令我吃惊:女主人和两个未成年的孩子在灶房里围着一个小桌吃饭,手里拿着纯苞谷面的馍。我的心里就撞了一下,我舀了半碗苞谷糁子稀饭出了灶房,便把装着白面锅盔的竹篮再端进灶房,让两个孩子吃锅盔。两个孩子瞅着白面锅盔,又瞅着他母亲,又瞅着跟脚进来的他父亲的脸,却仍然不伸手抓锅盔。无论男主人和女主人怎样礼让,我已坚决拒绝再吃锅盔,甚至影响了我的食欲。我小时候亲身经历过这种完全类同的情景,轮到我家给下乡的某位干部管饭,也是由父亲陪干部吃专门待客的好饭,只有在干部吃罢告辞之后,我才得以分享剩下的白面锅盔或馍。似乎不完全是好面子的事,是说不清从哪朝哪代传留下来的乡风民俗,在越是穷困的生活里,总要尽力让客人吃得好一点……我说此事似有自我表扬之嫌。其实,不单是干部自律,还有我小时候的那种隐秘的记忆,却在这一户人家里重现了,竟有某种触碰的痛感。

又到乡村早饭时辰,一位中年男人来叫我们吃饭。进村不少日子了,这位男人却显得陌生。他家在村子东头,没有围墙也就没有门楼,敞院里坐西向东两间厦房,台阶上放着镢头铁锨等几样常用的农具。进得厦房,男主人招呼我们三人坐下,是三只粗陋不堪的小木凳,没有小饭桌,一碟自家窝制的酸菜和一碟辣椒摆在脚地上。我在坐下前,或者说踏进厦屋门的一瞬,便颇感惊讶:家徒四壁,一览无余,厦屋北头是连接着锅灶的土炕,西墙根有一个用砖块垫着的破损的木柜,再不见一样家具。锅台有一块案板,上边摆着几个碗和擀杖。男主人从操勺的女主人手里接过舀满稀饭的大碗,再一一端给我们三人,然后自己也端着碗在一边陪吃,坐在一块破砖头上。我把稀饭碗搁在不大平整的脚地上,先掂起馍就着酸菜吃,心里却在猜想,这家人怎么把光景过得如此恓惶?这是一个以蔬菜种植为主业的生产大队,绝大多数土地都是有机井保证灌溉的平地,种植着各种时令蔬菜,定点供应西安的某家蔬菜公司,尽管属于统购统销的计划经营,收入远非那些以粮食和棉花为主业的生产队所可比拟。粮棉队几十个村子,工分值高不过五六毛钱,差劲的许多村子仅只一两毛;而几个以蔬菜种植为主业的村子,工分值最低也不下一块,况且,这些蔬菜生产队由国家供应至少半年的粮食,不愁碗里的稀稠和有无。那些相对贫穷的粮棉生产队的女孩,托亲靠友多想嫁到优裕的蔬菜生产队。这户人家的惨淡光景,是我们进入这个村子近月以来最令人惊讶的一户。我一时想不明白,他们夫妻二人不残不呆,看模样也不会是偷懒怕干活的人,只要出工干活,就有工分,就会分红,怎么弄得这样一副穷光景?我便和他拉家常,问一句,他说一句,或者只说半句,后半句没说出来就不再说了。从木木的神情上判断,他不仅不善言语,确凿属于木讷短语的人,但这并不影响出工干活挣工分。我想问他的身体状况,刚开了口,他不回答,突然转过身,把端着小碗蹲在我和他之间的小儿子抱离开去,我看见小家伙蹲过的地方留下一摊稀屎。我不便再看,男主人的一个举动却把我惊住了,他顺手从墙根下抓过两只破旧的布鞋,从两边刮擦到中间,把那一摊稀屎刮到鞋里,三两步跨出屋门,扔到院子里去了。我瞥了一眼,用鞋刮过的地方还留着一些稀屎,刮在鞋上的稀屎滴溜在脚地上。主人的这种举动是少见也少有的,一般家庭里多有小孩随地拉屎的事发生,大人通常用一把灶灰掩盖,再用铁锨铲除,很干净的。这个木讷的男主人此时才想到用灰撒到残留的屎摊上……我已经感觉到胃里有反应了,隐隐有点恶心。我端起碗,把剩下的半碗苞谷糁子稀饭喝了下去,企图把胃里的恶心压住,似乎收效甚微。我当即采取断然措施,让那两位同伙消停吃,我已吃饱先走一步。

走出厦屋门,很快便走进村子中间的主街道,胃里有了更激烈的响动,我越是用心压制,响动反而越是厉害,走到一个堆积牲畜粪的很大的粪堆旁,便爆发出声音很大的呕吐。刚刚吃下的一个馍和一碗苞谷糁子稀饭,全部倾泻出来。我擦了嘴,警惕地往四周看了一圈,倒是没有人,我才放心地走回房东家的住处。待那两位组员回来,见面问我怎么吃得那么少,我含糊其辞地岔开了话题,更没有提呕吐的事。我担心由此事演绎出陈某吃不惯贫下中农的饭食,这可是感情甚至上纲为立场的大问题。

空着肚子工作到午饭时间,我们三人一起到那户人家去吃午饭,熟路熟门又是熟人,仍然是坐在小木凳上,盛辣子的小碟和盛盐和醋的小碗仍摆在脚地上,是纯粹的白面做成的汤面条,我连着吃了两碗,感觉到一种满足。出门的时候,似乎胃里又有隐隐的响动,我和两位组员说笑话,企图把注意力岔开,把胃里的不好反应抑压下去。在走到村中那个粪堆旁,胃里一阵天翻地覆的搅动,哇啦一声又倾泻而出,把两位同行的组员吓得一愣,忙问怎么回事。我谎称胃出了点毛病。待我定睛一看,正是早饭后呕吐的那块地

饭事记趣

方,早晨呕吐的残痕仍在。回到住处,两位组员担心我空着肚子耐不到晚饭。我说胃里空一空也有好处。关中农村的晚饭都是天黑时吃,两位组员提醒我该吃晚饭了。我推辞不用,并说胃需要再空一空。他俩不信。近月来三人一起吃饭,没发现我的胃有什么毛病嘛。连着追问之下,我便说了缘由,担心吃了晚饭再吐可受不了。他们便张罗如何解决我的晚餐,想到离此村不过三四里地有一家工厂,厂里有一家小门面的营业食堂,他自告奋勇要去为我买两个烧饼,我坚决制止了。我怕由此惹出事来,说陈某人吃不下贫下中农的饭,吃了呕吐,到食堂里买饭吃。资产阶级作风和感情的帽子谁戴得起。我不仅坚决制止了他去买烧饼的举动,而且提醒他们两人坚守秘密,不许把我两次呕吐的事道及外人。我开玩笑说,空着肚子再熬一夜不算什么问题,我已经有"三年困难"饿肚子的抗饿功夫了……

让我始料不及的好事接着发生了。公社一位和我年龄相仿的干部突然登门,说是周六放假回家顺路来看我。我这时才想到周末,为了赶规定时间办完此案调查,我们自觉放弃了休假。朋友闲聊间,一位组员向这位朋友说了我饿肚子的事。这位朋友不由分说,便拽着我到他家去。他家和我驻队的村子是邻村,不过两里路。我们三人装作到他家走闲的样子,进门便由他给老婆下令做饭。来不及发酵面团,用死面烙了一张饼子,我吃得确如狼吞虎咽。饭毕,大家约定,不向外人道及老陈吃饭的事,以免造成挑食的不好影响……

调查那位被打倒的"四不清"干部的案情如期完成。这位被冤枉了十余年的老支书被宣布平反,恢复党籍。此后不过两三年,"四清"被整被处分的干部几乎全部平反了。我其实在做了那项调查之后的第二年夏天,调离了工作过十余年的家乡,到西安南郊的文化馆工作。我已感知到文艺复兴的令人鼓舞的气氛,创作的欲望潮涨起来了。

许多年后,和那两位组员以及那位公社干部偶然相遇,便说我的吃饭的故经……

上世纪90年代中期,受邀第一次访问美国,在耶鲁和哈佛有两次文学创作讲座,算得上正经事,其余时间便是游山逛景了。一个神秘了大半生的美国,在自东往西的车轮加脚步的匆匆一览里,自然说不上深或透的了解,神秘的帷幕却还是扯去了。姑且不说观后感,只说一顿难忘的晚餐。

这顿饭是一位姓杨的女士邀请的,我没有推辞,概出于她和陕西关中一种非同寻常的亲情渊源。此前一年或两年,她到西安时曾得以谋面,她说到来西安的意图时,且不说我惊诧之类的夸张的话,确凿是万万料想不到的。她说她是来寻根,更是拜祖。初听这些话时我毫不惊讶,国门打开之后已有多年,海外华人尤其是台湾同乡回来的人络绎不绝,在我已司空见惯。然而,杨女士说明她寻的祖宗时,我当下竟惊讶得回不上话来。她所寻的祖宗,竟然是隋朝开国皇帝杨坚。杨坚是五岳之一的华山脚下华阴县人,早已了无踪迹,墓葬在关中西府的扶风县。她虽然没有看到有关始祖杨坚的蛛丝马迹,却也未见多少遗憾,心里早有预料,着重在想感知作为皇帝祖宗曾经生活的一方地域的地脉天象。同在华山脚下的华阴县五方乡,却有为杨坚开创隋朝立下的汗马功劳的文武全才的杨素将军的坟墓。杨素不仅善于统军打仗,且是一位诗人,隋朝建立后被隋文帝杨坚封为赤泉侯。然而,杨素和杨坚虽都姓杨,却无血缘宗族脉络,杨素的祖宗上溯到西汉时代的杨喜,曾被汉高祖刘邦封为大将军。五方乡的杨素氏族,现存十八座坟墓。这些有关杨姓两家的简况,是我后来获知的。我更惊讶杨女士的乡土情结,从隋朝到现在多少年了,他们一代一代祖传着关中华阴这个"根";单是她自己,从台湾再到美国,成为美籍华人,却终于实现了到皇帝祖宗诞生的华山脚下走一回的夙愿了。

我按时赴约,是一家中餐馆。我看一眼已经到齐的人,竟然全部都是女性,多为中年,自然都是华人。她先介绍我之后,便一一介绍由她约来的朋友,几乎全是从台湾到美国定居的文化人,多数都出版过散文、小说和诗歌集子,只是名声尚不及我认识的於梨华。都是喜欢写作的人,气氛很快便轻松活跃起来,有人说到她喜欢大陆某作家的作品,有人说到她结识的大陆某位作家,自然也免不了说到她们读《白鹿原》的事。在轻松的气氛里,不觉间过去了近两个小时,饭早已吃完了。在散席前发生的一幕,让我不仅出乎预料,而且惊诧了。

杨女士说了句"那就到这儿"意思的话,在座的女士们,有的翻手提包,有的掏口袋,把一张张美元掏出来放到自己面前的桌面上,杨女士自己也不例外地掏出钱来。我在短暂的发愣的一瞬间便明白了,这顿饭是由进餐者分摊其花费的,也就赶紧掏自己的口袋。杨女士坐在我右边,压住了我往桌子上放钱的手,笑说:你是我们大家请来的客人,你绝不能。在我据理辩解的几句话还没说完,她打断说,在大陆你可能不习惯这样分摊餐费的方式,在这儿(美国)却是通常的事儿,大家想聚会了,或是接待一位朋友,都是这样做的,唯有被请的客人不能付款,这种分摊餐费的方式,说明你是大家的朋友……

我在回到住处后,心里仍不能淡忘每位进餐者纷纷掏钱包的情景。除了杨女士说的"你是大家的朋友"之外,我又想到她们可能没有报销的途径。她是一个民间文艺团体的主事人,没有公款,她的会员可能只交象征性的一点会费,只能作公务性的开销,更多的却是显示对自己参与的这个文艺团体的尊重。我没有问她,仅是我的猜想。

这种猜想又一次得到了验证,是随后在另一家华文文化团体搞过一次创作讲座,讲完后听众就散去了,留下十来个团体的骨干人物,和我共进午餐。就在讲座大厅旁边的一个小屋子和通道上,十来个男女朋友纷纷拎来自己的提袋,从里面掏出早已备好的菜和面包,每人都带着盒装的菜,都是在自己家里做好带来的,几乎没有重样儿,一齐摆到桌子上,任由各人挑拣品尝,不时暴出某男或某女大声的惊叫,说某种菜太好吃了,虽不无夸张,却酿成一种即使高档餐馆也难得的融和气氛。我被重点照顾,让我尝一口这种菜,再尝那种菜……我很自然想到,这个文化团体同样没有经费来源,要搞什么活动而避免不了共餐,便是这种办法……回去的路上,我和同行的朋友说,还是社会主义好。

平生吃过多少回饭,粗粮野菜也罢,鱿鱼海参也罢,多不记得了。上述几顿饭却总也难以忘记,如实写来,供有兴趣阅读的读者一哂。

2011 年 8 月 25 日二府庄

我们村的关老爷

在我尚不知晓关羽或关云长为何人的童稚时期,却已知道关老爷这尊神。岂止知道,而且和关老爷左右为邻,距离不过五六十步。自我有记事能力,便记着我家是村子西头第二家,头一家的院墙西边紧挨着一条颇深的沟,是下雨排水的天然洪道。这条沟的西沿上,坐落着一幢比普通农家更讲究的庙,方砖砌墙表面,琉璃小瓦苫顶,房脊高高耸起,砖头上有雕刻的吉祥图纹,这座庙俗称关老爷庙。村民平常简称为老爷庙,敬奉着关羽。我一出自家土门楼,第一眼便看见关老爷庙;从村子里走回家去,直对着我视线的也是这座关老爷庙;关老爷庙的北墙根下,是走出村子的西口,村民下地干活或出村办事,都从关老爷的庙墙根下走过。不仅是我,整个村子里的男女老幼都和关老爷朝夕相处,低头不见抬头见,几乎谈不上距离。

我后来才知道,在民间传说里,关羽谢世升天后,被玉皇大帝封为管民间风雨的职司,任何一方地域的干旱雨涝或风调雨顺,全在这位风雨神的掌控之中。无需考究这个传说起自何时何方,既成的事实却非同小可。即如我眼见的灞河流域密集的大村小寨,几乎每个村子都修建着一座关公庙,敬奉着这位职司风雨的神。我生活的村子到1949年新中国成立时,不过三十多户人家,却不知早在多少年前已经修建起这座关公庙来,推想那时大约不过十几或二十几户农家,肯定由每户分摊建庙和雕塑关公神像的不菲的费用,可以想见村民踊跃情态里的虔诚。其实不难理解,以种植庄稼为唯一生存依靠的村民,决定粮食棉花收成丰欠也决定他们碗里吃食的稀稠乃至有无和身上穿戴的厚薄的关键一条,便是雨水,风似乎倒在其次。渭河平原这块沃土,庄稼生长最致命的制约因素,便是干旱,我查阅过西安周边三个县的县志,造成多次饥馑灾荒的原因,都是久旱不雨。敬奉关公祈求风调雨顺是村民们共同的心愿。

每年农历大年三十后晌,村子里的主事人便打开常年挂着铁锁的关公庙门,让几位村民打扫卫生,擦拭关老爷和护卒头上身上的尘土,点上两支又粗又长的红色蜡烛,再敬上三支香,然后跪拜叩头,再说几句祈求风调雨顺的话。接着,整个村子里的成年男人都来焚香跪拜祈祷来年有及时雨降下。我和小伙伴们围在庙门口,看着一个个年长的年轻的爷辈父辈的再熟悉不过的男人们,无论家道或富或贫无论性情属刚属焉,站到关老爷塑像面前先鞠躬再跪拜时的表情,都是至诚至敬的。关老爷端坐庙堂正中,长耳几乎垂肩,浓眉大眼高鼻梁,满脸红色,黑色的胡须直垂到胸膛,威武里透着慈善,不动声色地看着一茬一茬跪拜他的村民。到得末了,主事人把我等在庙门口围观的小男孩一齐叫进庙去,教大伙抱拳鞠躬,再跪地叩头者三,最后让大伙跟着他齐声说,关老爷爱民如子,给俺多下及时雨……应该说,关公是我平生最早跪拜过的神。

每年农历二月二日,是民间传统传说里的龙抬头的日子,也是冬去春来农事铺开的一个标志性时日。村子的主事人一早又去打开关老爷的庙门,打扫卫生再点蜡焚香,敲锣打鼓和拍铙钹的好手早已敲打得震天价响,村子里的男人们闻声赶来,长辈人跪在庙里,年轻的晚辈跪在庙门外边,我等小伙伴们随意择空档处跪下,叩头三次,然后一齐仰面对着关老爷的塑像,跟着主事人齐声祈祷,祈盼雨顺风调……那声音是浑厚的,也是震动庙宇发生回声的庄严的声响,更是虔诚的心愿之声。

干旱却几乎年年都在发生,有小旱,也有大旱,多在秋苗生长的关键时月,即伏旱。小旱修渠引水可以抗御,大旱就几乎面临绝收,村子的主事人便召集村民商议,用一种激烈悲壮的方式祈雨,当地人叫"伐马角"。同样是在职司风雨的关公庙里庙外举行,点蜡焚香烧裱,庙外锣鼓铙钹敲打着激烈紧凑的曲牌,男人们聚在庙里庙外,身上都披着象征下雨的稻草编织的蓑衣,自然都是长跪在地。突然会有一人跳起,从火盆里抽出一根烧得通红的细钢条,大吼一声,吾乃关老爷"通全"的黑乌梢,随之便把通红的细钢条从右腮戳到左腮……黑乌梢是说一种黑色的蛇,蛇是龙的民间化身,即取水地点在南山的黑龙潭。于是,整个村子的人便跟着那个"通全"了神灵的人到南山去,到黑龙潭里"取水"……我等一帮小伙伴聚在一旁,反复诵念两句民谣:云往西,关老爷骑马戴帽披蓑衣。帽是指遮雨的草帽,蓑衣也是遮雨的,都是预示着甘露降临。应验落雨甚少,依旧干旱居多,灾荒和饥馑避免不过。然而,每年农历大年三十和二月二对关老爷的虔诚祭拜,依旧进行,直到新中国成立后破除迷信明令禁止,这种传承了不知几百年的仪式才被废止了。

关羽忠勇孝义,在民间的影响也很广泛,却是隐性的,不像他职司风雨直接关涉千家万户每一个村民的生存。这样,村民们很少说或不说关公庙关帝庙,而通称关老爷庙或简称老爷庙,已显示着一种亲近的情感。

说来有趣,每当在媒体上看到当地驻军在天旱时节向天空发炮催雨成功的消息,我就会从记忆深处泛出村民敬祭关老爷的画面……

2011年9月6日二府庄

一个人的邮政代办点

每当和媒体记者或纯粹的朋友叙旧,对我当年窝居乡下十年写作的生活形态多有兴趣,其中和外部世界的沟通方式是一个常被问到的话题,我便如实相告,主要依赖一条邮路,无论写信说事或投寄刚刚写成的小说稿,都是到一个邮政代办点去办理。这是一个仅有一人撑持业务的"邮局",在我却铸成永久的记忆。

上世纪 80 年代初,我在获得专业创作的自以为人生的最佳境地的同时,便决定回归乡下祖居的老家,求得一个耳目清静的环境,却不是陶渊明式的避世隐居。我在这里可以坐下来潜心阅读业已解禁的世界名著;可以平心静气回嚼二十年乡村生活,形成新的作品;我几乎本能地关注着生活运动尤其是乡村世界的变化,自然缺少不得一份报纸,能否每天看到当日的地方报纸,成为一个小小的却也揪心的问题。多年来每天读报的积习已经成瘾,不读似乎就有一种缺失或亏欠。读报之所以成为一个问题,我居住的老家的地理环境的制约是根本原因。

我祖居的村子虽然距西安不过五十华里,却是一个被地理环境限制着的"死角"。村庄位于白鹿原北坡根下,再往北不过两三公里便是闻名古今的骊山南麓,形成一条狭窄的川道,其间自东往西流过一条被秦始皇曾祖改名的灞河(原名滋水)。直到上世纪70年代中期,才开通了一条砂石公路,我的祖居的村子是这条公路的终点,尽管十天半月也未必能驶来一辆汽车,但是乡民出行推车挑担骑自行车毕竟方便得多了。我回到这样环境的老屋里,首先想到如何能读到当天的报纸。得知这里的邮递员仍旧是我熟悉的那位姓史的乡党,便找到他商量。他做这方地域的邮递员已经多年了,仍然属于邮局聘用的农民工,未能获得邮局正式职工的资格。他负责我所在的这个乡镇东半部的十余个村庄的报纸和信件的投递业务,半边是白鹿原的北坡上的村庄,下边是坡根下一排小村庄,每天要上坡下川跑一圈儿,可以想见其辛苦。和他说明订报的意图,他笑着解释,东边三个村子没有一户报纸订户,只是在有重要信件时,他才骑车去某个村子。我当即明白,如果我要每天读到当日报纸,就意味着他必须比往常多跑五里路,仅仅是为了给我送一张报纸。我确实于心不忍,便和他商量了一个省事的办法,把我所订的报纸投送到他每天必经的村子的我的一位亲戚家,由我走读上中学的儿子放晚学时顺便捎回来。这样,每天傍晚儿子回家,正好是我停歇工作的时候,坐在祖居的小院里,借着尚未暗淡的天光,打开《参考消息》,看世界的这个和那个角落又发生了什么值得关注的大事和趣闻;还有贴近我生活的《西安晚报》,既有国家大事的新闻，更有城市和乡村的新鲜事和某些人的劣行。我曾在该报上读到一位农村女人首创家庭养鸡场的新闻报道，竟然兴奋不已，随之便搭乘汽车追到西安西边的户县，花了两天时间进行采访，先写了一篇报告文学发表在《西安晚报》，后又以其某些事迹演绎成八万字的中篇小说《四妹子》，这是我写农村体制改革最用心也最得意的一部小说。

每有或长或短的小说或散文写成，或者要投寄一封信，我便骑自行车赶到八华里远的邮政代办点。这个邮政代办点设在一所军事大学里。这所军事大学始建于上世纪50年代末，地址选在白鹿原北坡向里深凹的一个大豁口里，据说可以隐蔽空中侦察。军事大学于60年代初开学，为了这所规模非凡的军事院校通邮的方便，邮政局便在校内设立了一个邮政代办点。这样，我生活的这方地域，破天荒地有了一个可以订阅报纸也可以寄信寄物的邮政机构，当地近十公里内的乡民跟着军校沾光了。我也是受益者之一。

邮政代办点设在军校大门内右侧的一排平房里，仅仅只占一间小平房。我把自行车撑在路边，便拿出要寄的稿件或信件，走到开着的窗口，便看见一张熟悉的面孔，不笑也不惊讶，却在眼神里显示出"你来了"的意象。我便先开口说我要办的事，如果是寄信，便说要几张邮票；如果是邮寄稿件，便把封好的信递给他，让他在桌旁的磅秤上称一下重量，然后在算盘上算出邮资的钱数，我交了钱，他撕下邮票给我。我用他摆在窗台上的糨糊贴好邮票，再把装着文稿的信封给他。他砸上有"挂号"字样的邮戳，仍然不说话，眉宇和眼神里显示出"办妥了"的意象,我也不便多嘴,点点头便告辞了。

我至今依然记得那张面孔,以及那脸上的表情。那张面孔的脸色微黄偏白,很洁净;眼睛不大也不小,永远是一种平和的神色;鼻梁不高不细更不歪,端正而庄重。他的形象和他的神态,完全专注于案头的工作,多余一句客套话都不说,更不会有东拉西扯的闲话乃至废话了。有一次交办完邮件离开他的窗口时突然想到,他是和我短言少语呢,还是对所有人都如此这般?我便侧立一旁抽烟观望。一位穿戴整齐的军校女学员走到窗口,手里拿着一个包扎规整的邮包送进窗口,肯定是称重量,然后看见她从窗口接过邮包,很认真地贴邮票,之后就把邮包再送进窗口,转身离开了。我大约只听见一两句简短的对话,是说多少邮资的话。一位同样年轻的男军人走到窗口,和那位女军人的过程如出一辙。接着看到一位穿戴不凡的中年女人走到窗口,从衣着打扮和走路的太过自信的姿势,我猜测这是一位军校高干的夫人(此军校属军级级别)。她走到窗口,却不邮寄任何东西(如需邮寄东西,肯定有通讯员代办),只听她嗓门很响亮地向窗口内询问,只听见她的问话声,却听不到窗口里的他的声音,约略可以听得出来,她给远方老家的邮件,怎么还没收到?需要多少日子才能到达××省××县××公社××村子?不会丢吧……从她离开窗口时的表情判断,得到的是肯定的可以放心的答复,咣当响着的皮鞋敲击水泥路面的声音也是欢愉的。我便跨上自行车走了……这人就是不爱说话。

约略记得一次例外,在我接过邮票往信封上抹糨糊再粘贴的时候,他却主动开口了:"你前日在报上登了一篇文章?"我颇惊讶,他竟关注我的写作了,便毫不迟疑地以"噢"予以肯定。他接着又说了一句:"昨日回局里参加政治学习,我听大家说的。"他没说邮局里的人如何说我这篇小说或散文,倒是我很想听的话题。他却闭口再不说了,也没说他看没看那篇文章。我尽管很想听文学圈外诸如邮局的读者对拙作的看法,看着他已没有再议此事的兴趣,我也压住了想问的话不再问。

在我窝居乡下祖屋写作的十年里,每有或长或短的小说写成,便骑上自行车,骑过后来被车碾得坑坑洼洼的砂石公路,心情却是一种踊跃,每有一篇新作写成,无论是篇幅较大的中篇小说,抑或是短篇小说,乃至三两千字的散文,在送到邮政代办点的这八华里的路途中,都是一种踊跃着的心情,砂石公路上坑坑洼洼致成的连续性颠簸,不仅破坏不了踊跃的好心情,反倒激发着踊跃的连续性。乃至赶到熟悉的邮政代办点的窗口前,和那张熟悉的脸孔对面时,领会到那眼神里又现出"你又来了"的意象,我也不说一句客套话,只把邮件送进窗口,照前办理……我已记不清十年间经他的手寄出过多少文稿和信件,却可以肯定,那十年间的文稿和信件十有八九都是经他的手办理的,寄往本省和外省的编辑朋友。更准确也很难能的是,无论稿件或信件,从来没有丢失过。在上世纪80年代初到90年代初,邮寄通讯几乎是我唯一和外部世界交流的渠道,且不说乡村里不敢奢望电话,城市家庭也是稀罕物。邮政代办点的这位代办员,便成为我实现和外部世界沟通的最可靠的桥梁。

新的世纪刚刚到来,我又回到离别了七八年之久的原下的屋院,一个人住了两年,夜晚坐在院子里看从东原渐渐移向西原的月亮,早晨常常是被飞到屋檐或院中树梢上的鸟叫声唤醒,在我是一种在世界上任何地方都找不到的最踏实也最美好的感觉。写作的欲望潮起时,便在那间小书屋里铺开稿纸。每有或长或短的文章写成,依照七八年前的轻车熟路——轻便自如的自行车和大半生走得最多也最熟悉的家乡路——赶到距家八华里远的军校大门内的邮政代办点,依旧是那间门口墙上挂着绿色邮箱的平房,依旧是打开着的窗户下层的窗口,窗里桌后依旧坐着那位微黄偏白面孔的代办员,变化仅仅只是他的头顶出现了白色的头发,毕竟过去七八年了。他在看见我的一瞬,眉眼里现出一缕不易觉察却仍被我觉察到了的诧异神色,问:"你不是进城了吗?"我答:"我又回来了。"之后再无话。我交办了寄件,点点头便告辞了。这两年时间里,我到这个一个人操作的邮政代办点的次数,比之前的那十年的频繁来去少得多了,我已有了手机,家里也安装了电话,无论公事或私事,急事或闲事,随时便用话机说清了,几乎不再使用写信的交流手段了,不写信也就不寄信了,只有写成新的文稿,必须赶到一个人操作着的这个邮政代办点的窗口前。我至今不会使用轻便快捷的电子文稿的传递方法,还依赖于原始的邮寄手写稿件的途径。

到了我重回乡下祖居屋院的第二年,记不清是哪个季节,我又一次骑自行车赶到那个熟悉的邮政代办点的窗口前,交办了要邮寄的稿件,刚转过身要离开的时候,窗口里的他说话了,让我等一下。我再转回身,就看见那张向来平静到不动声色的面孔,呈现着谦谦的微笑,对我说:"麻烦你办点事。"我自然欣然接受,等待他说事。他依旧是少见的谦谦的微笑,以平静而又达观的语气告诉我,他很快要退休了。我不觉一愣,看不出这张呈现着中年人气色的脸,已经年逾花甲了。我在发愣的一瞬,感到了心头的微微一震,顿生难舍的眷眷之情。我随之问:"你竟然要退休了?看去顶多五十岁。"他却不作辩解,依旧谦谦笑着告诉我,他的孩子知道他认识我,便买了我的两本书,让他再见我的时候给书上签名。他说他退休后就难得和我见面了。我自然应诺。他破例拉开那间平房的门板,让我进屋;他把我的两本书摆在桌子上,侍立一旁,让我坐在他的椅子上。我习惯用自己的钢笔,在那两本书上签下我的名字。这应该是我最用心最认真的签名之一。他连着说了两声感谢的话。我为认识和不认识的朋友和读者不知签过多少万册书了,却不敢接受他的感谢的话。我和他握手告别。他竟破例走出门来,在我推起自行车的时候,我又握住了他的手,有点不忍松开。

2011 年 11 月 2 日二府庄

接通地脉,只因乡村情感

拙作散文随笔集《接通地脉》(作家出版社)出版不足一月,很多人询问有关这本书的事,且不约而同都对书名感兴趣,直言现在正提倡走基层,不能断了地气,你怎么在五六年前就意识到要"接通地脉"?第一次面对这个发问竟有点发愣,半晌回答不出所以然来,随之便如实相告,那是我生活的真实体验和感受。

作为集子名称的《接通地脉》这篇散文,写于2007年的元旦节假期间,无疑是新的一年的开篇之作。现在完全记不起这篇散文写作的诱因。依我已成习性的写作,无论一个短篇小说,无论一篇散文的写作欲望,大都有某个始料不及的生活事件或某种世象的触发,包括记忆里的陈年旧事,乃至一种自然景色,触动情感和思维的某根神经,便发生一吐为快的笔墨抒发。然而,时过五六年之久,怎么也想不起《接通地脉》这篇散文因为何事而触发了写作的欲望,姑且不究,倒是由此话题引发出新的命题,涉及我的乡村情感。

这种乡村情感或者说情结,在我的生活历程中经历过一个U字形的历程。我大约直到初中毕业的年龄,才有关于个人未来人生前途的设想,最理想也最基本的人生目标,便是进入城市,能当上一个技术工人就很满足了;后来因为未能录入专业技校而误入高中,竟然闹过一段情绪;企图进入大学接受高等教育的强烈而又专一的欲念,那是在高中安下心来就注定了的。无论想当一个技术工人或进入高校,一个最基本的出发点,就是脱离农村进入城市,吃一碗不倚赖土地更不关天旱雨涝决定稀或稠乃至有或无的好饭。这几乎是所有农村学生读书的目的,我不仅不能脱俗,而且欲望颇为强烈。道理不仅不言自明,而且很富刺激性,那就是城市与乡村、工人与农民、脑力劳动与体力劳动的巨大差别。而当高考名落孙山,在我就有天塌地陷般的毁灭感。

我后来有幸从乡村学校进入最基层的乡镇(当时称公社)机关工作,而且不间断地工作了整整十年;更有幸的是在我家乡的乡镇,即白鹿原北坡和原下的灞河(古称滋水)小川道这一方地域;十年时间没有挪窝,各个村子的干部和一些乡民家的前门后门我都熟悉了。我对乡村和农民生活形态的了解,或者说体验,当属这十年形成的。如实说来,我那时候接触乡村干部和乡民,完全是出于各种乡村工作的用意,而不是作家为了创作而深入生活。我后来成为专业作家,才意识到这十年乡村基层工作对我写作的决定性意义,可以毫不夸张地说,我对乡村和农民世界的了解和感知,是作为基层干部做乡村工作的无意识的收获。在我获得专业写作的最理想的工作的同时,便决定回归白鹿原北坡下祖居的屋院,其中一个重要因素,便是乡村情结。

尽管我已经不再扶犁执锄种庄稼,住在乡村祖居的屋院,可以听到狗叫牛哞,出门便看到河川和原坡上麦田和苞谷地里的绿色,可以闻到弥漫在村巷和屋院四季不断变换着的各种野花野草和杂树的花香,也缺少不了东家西家那些熟悉不过的男人女人的家事和纠葛。我也只是在成为以写作为职业的角色而要进入城市的时候,才甚为强烈地意识到我和乡村业已铸就的情结难以割舍,便有了索性回归祖居老屋的取向。住在祖传的屋院里,我的整体感觉是自如而又自在,却也有小小的缺失,在村巷里看着牵牛扛犁走向田野的乡党时,我会发生想要一手扶犁一手执鞭吆喝黄牛耕翻土地的欲念;看着他们用木推车从坡地或河川拉回一捆捆麦子进入打麦场间,我也发生想用镰刀刈割麦子的心动……我尽管住在乡村里,却不是靠土地吃饭的人了,少年青年时期的生活理想实现以后,却感到某种缺失,这是意料不及的事,也让我意识到身在其中却仍然有某种隔膜。村主任让我继续耕种那两分地,我便有了挥锨舞锄的"用武之地",更有接通地脉尤为舒畅的感觉。无论读书,无论写作,在小书屋里窝蜷一天,于傍晚夕阳灿烂之时,我到那两分地里或挥锨挖地,或执锄除草,或赤脚踏泥用自流水浇灌禾苗,完全是一种享受。偶尔会遇到一位路过的乡党,坐在田埂上东拉西扯说闲话,我才真实感受到隔膜的消失,是完全的融合,是地脉的接通。

到《白鹿原》发表的1992年末，我离开祖居的屋院进城了。在城里待了七八年，在一种迫切到不堪的情感里，我重回原下祖居的屋院，当年栽植的食指粗的法桐树，竟然长到半合抱粗了，我竟有自虐式的感慨，时光容易把人抛，壮了梧桐，我却老了！我一个人住在祖居的屋院，自己烧水煮面条，自己捅火炉取暖。村主任让我耕种的那两分地已分配给一位村民，栽植的樱桃树已经开花挂果了。然而，我可以到灞河沙滩上漫步，伏天就在河水里洗涮汗斑；或者走上屋后白鹿原的北坡，享受顺坡而下的清风，那清风里变化着各种野花的香味。我又有接通地脉的踏实感觉。我在这里待了两年，终究被洗锅刷碗的事搞得颇烦，顺势应邀到一处朋友安排的较为清静的工作室去了。

这个工作室在城郊。四周日渐崛起如树林般的高楼，却在我的窗外还保存着一方农田，我常常站在窗前，看田地里的男人女人移植菜苗，或施肥，或锄草，或引井水浇灌，一个个悠然而又专注，我看得入神而沉迷。大约两三年后，这方田地上冒出齐摆摆多幢住宅楼房，且都是高层，离我最近的一块庄稼地消失了。

每有机缘回乡或者上原，出西安老城和扩展的新城，在一堆又一堆楼群中穿过，一当车过浐河桥，我的心脏便有了超常的响动，处于一种亢奋状态。浐河是我大半生生活和工作的地域的一条划界性质的河流。一条路一座桥通白鹿原上，另一条路一座桥通白鹿原北坡下我的祖居的村子，无论走哪一条路，无论过哪一座桥，每当车过浐河的时候，我的心跳便加速了，既是心理反应，也是生理反应,无可抑止。

尽管不能每天都感受地脉,能有感受地脉的哪怕短暂的一次机会,也会从生理到心理全身心地接受。

2012 年 8 月 14 日二府庄

儿时的原

这道原·那道原

　　李巍打电话来,竟有瞬间的惊诧。重温那独有的说着普通话的口音,便感知到一种重逢的欣然,是伴着惊诧的欣然。大约有几年不通音信,依旧储存着这位彩云之南的老朋友的别致的口音,久别重逢的欣然就自然地发生了。他约我散文稿。我不仅贸然应允,而且随口提出让他命题,在我的生活范围内,看他对什么话题有兴趣;如果我确凿也有生活体验,便可谋篇。他说让他想想再说。他想过之后便点题了,让我写少年时期所经历的和白鹿原相关的生活。我当即应诺。这自然是地理概念的白鹿原。原是西北地区特有的一种地理地貌,实际就是一方小小的平原,大约因为规模太小而不能称为通常意义上的平原,故叫作原。有好事者为了区别原与平原,给"原"字左边添加一个"土"字变成了"塬"。其实古人都没有多此一举,白居易一首七绝写到白鹿原:"宠辱忧欢不到情,任他朝市自营营。独寻秋景城东去,白鹿原头信马行。"且不究什么人干龌龊事惹得诗人心烦要到白鹿原上扬鞭驱马畅快抒情。单是说这"原"字原本就没有画蛇添足似的"土"字作偏旁。再如毛泽东的名作《沁园春·雪》里的"原驰蜡象"的"原"字,也未有"土"字作偏旁,而陕北地区也有规模大小不等的多种原,毛泽东把大雪覆盖的一道原拟为蜡象,足见得诗人的情怀和气魄。

西安周边有好多道原,城北有龙首原,自然是因其地形像一条扬头的龙而得名。据说汉高祖刘邦之所以把皇都圈定此地,要借龙脉之气象便是诸种因素中最重要的一点。从西安城端直往南靠近终南山的神禾原,传说远古时生长双穗的谷子,便有了神禾原的名称。曾经的西北王胡宗南在此原为蒋介石修建一座阔绰的行宫,老蒋曾站在原头观望原下的滈河小平原和背倚的终南山的风光。作家柳青于上世纪50年代初相中此地,在原头一座废弃的破庙里安家落户,兼职深入生活,一住就有十四年,创作出史诗著作《创业史》。悲剧也发生在这道原上,他的夫人熬不住"文革"的迫害,跳入井里饮恨而去了。神禾原东边是少陵原,两原之间有滈河流过。少陵原上有汉宣帝刘询和他的许皇后的陵墓,两座陵墓相隔一段距离,许皇后的陵墓规模较小,便有少陵之谓,且成为这道原的名称。此地在秦时曾设杜县,汉宣帝的陵墓被称作杜陵。然而,此原却是依其皇后的小陵墓而得名少陵原,竟然比皇帝刘询还风光。少陵原东边便是白鹿原,两原之间有颇为宽阔的河谷,发源自终南山的浐河自南朝北流过,河川里曾经有五六千年前的新石器时期母系氏族的人群在此渔猎,也种谷,村落遗址被称为"半坡遗址"遗址旁边的村庄称半坡,位置在白鹿原的西边坡根下。白鹿原的北坡下,也是一道河川,有灞河自东向西流过,是发源地秦岭的山势造成的倒流河。灞河原称滋水,一个让人感觉温馨的名字,却被要称王称霸的秦穆公改为霸河,以显示其统一中国称霸天下的壮志和野心,后人为霸字添加了三滴水,成为灞河。

汉文帝把他的陵墓选定在灞河河畔的白鹿原西头的北坡上,史称霸陵,亦称霸陵原。"沛公军霸上"即是说刘邦和项羽争夺咸阳时驻军在霸陵原上。霸陵原多见于史籍,民间尚未流行。北宋时,大将狄青在白鹿原西部屯兵养马,从此便将白鹿原改名为狄寨原,一直延续到今天,一个古老的镇子也称为狄寨镇。这道原东西长约五十华里,南北宽约三十多华里,自东向西纵断着一条深沟,把此原割裂为南原和北原。我的家在北原的北坡根下,是一个五六十户人家的小村子。出了我家祖屋后门不过十来步,便是白鹿原的北坡坡根;走出我家前门不过五六百米,便可以掬灞河水洗脸了。在我从少年到成年的甚为漫长的岁月里,只知此原叫狄寨原,竟然不知诗性烂漫的白鹿原这个好名称。小说《白鹿原》出版二十年了,褒贬且不论,却把尘封在《竹书纪年》里的白鹿原的名称复活叫响了……

割草·搂麦

出生在农家屋院里的男孩子,从小小年纪就帮父母干农活了。

我却记不准自己究竟是从几岁开始动手干活的,按乡村人归结的普通规律,说男娃子一顿能吃完一个馍馍,就是好帮手了。我据此判断,当在我六七岁的时候。我同样记不清先学会的是哪一种农活,却笼统记得我能干的农活有拔草、割草、搂柴火、搂麦穗、掰苞谷和剥苞谷等。幼年从事的这些农活,有的是我喜欢干的,留下了愉快的记忆;有的是难以承受的不想干却不得不干的,便铸成一种伤痛。

我最喜欢干的农活是割草。我家和隔壁一家同族本门人家合养一头黄牛。牛喜食青草。每当春天青草长出来,我便背上柳条编织的小号笼子,提上割草的短把儿镰刀,下到灞河河川或上到白鹿原坡去割草了。当时不知白鹿原的名称,只说上坡割草。割草总是结伴去,几乎没有一个人独自行动的行为,除了结伴搭伙儿热闹有趣,还有至关重要的一条,便是安全。那时候沟梁纵横的原坡上还有狼族活跃其间,常常就有某人在某道坡梁或某条沟谷里撞见了狼,甚至还有某村的小孩被狼叼走的骇人听闻的灾祸发生。父亲总是在我出门割草时提醒,不要单个上坡,找俩伴儿一搭去。

村子里和我同龄或不差上下年岁的伙伴不过三四个,今日我找他,明日他会来找我,三四个人聚齐了,便商量确定到哪一条沟或哪一道梁去割草,说着谝着嘻嘻哈哈便走出村子了。麦子收罢进入伏天的酷热季节,阳光如喷火,伙伴们不约而同在坡梁下的沟道里遮蔽了阳光的背阴处坐下来,玩一种抓掷石子的游戏,或者打扑克，直玩到太阳西斜，才抓起短把镰刀去割草。最富诱惑的快活事儿是逮蚂蚱。蚂蚱有麦蚂蚱和秋蚂蚱，前者是生长在麦子地里的，到麦子成熟时也发育完成了，趴在麦穗上发出吱吱吱的叫声，我曾和小伙伴们在麦子地里逮蚂蚱，着急处就忘记了已经黄熟的麦子，踏倒了麦子，招来麦田主人的叫骂。不过，这种麦蚂蚱叫声很单调，很快就把兴趣转移到秋蚂蚱这灵虫上来了。所谓秋蚂蚱，是相对麦蚂蚱而言的，在麦蚂蚱完成三次脱壳可以鸣叫的时候，秋蚂蚱才从埋在地皮下的卵蛋里化育成虫钻出来，满体嫩绿如同刚刚脱壳的绿豆。秋蚂蚱生长在长满酸枣刺棘的田坎上、荒坡上和坟地里，捕捉很难。我和伙伴们根本等不得它完成三次脱壳羽化为可以鸣叫的蚂蚱，就在刺棘丛中寻找，常常被刺棘的尖刺刺得脚面和小腿布满血印也不在乎。逮着小小的秋蚂蚱，装进竹篾编的蚂蚱笼子里，每天喂它野谷苗的内芯。眼看着它在小笼子里一天天长大，完成三次脱壳成为一只羽翼丰满的蚂蚱，发出铃铛一样响亮有节奏的歌唱，我常常陷入一种沉醉。这种秋蚂蚱生命力很强，如果喂养精到，往往可以鸣叫到深秋以至霜冻时节才会完结，给平静也显孤寂的农家院子添一缕欢乐的声响……逮秋蚂蚱太专注也太投入，往往忘记了了割草，无论逮着秋蚂蚱的兴奋或逮不着的懊丧，都会在拾起短把镰刀开始割草不久便淡化了，只畏怯草割得太少父亲那责备的眼色。

印象里最不愿干却不得不干的农活是搂麦子。我家有十六七亩土地，绝大多数分散在原坡上，只有三五亩可以浇灌的水田分作四五块散布在灞河川道里。养牛积攒的土肥,单是施到一年可收两料的麦子和苞谷的水田里都不够,原坡上的单料麦子根本施不上一次土肥,那麦子长得黄不拉叽的样子,收割时几乎搭不住镰刀,散落在麦茬地里的遗穗就很多了。村子里乡民把这种成色的麦子称作猴毛,把小小的麦穗称作蝇子镶(苍蝇头),把割这种麦子称作薅猴毛。父亲把一块又一块全是猴毛似的麦子薅过,我紧跟其后用粗铁丝做筢刺儿的大筢子把遗落的猴毛搂起来。至今印象最深的是在离村子最远的称作唐家坡顶的那块地,这是我家在原坡上最大的一块地,大约两亩还多,周边没有一棵树。我拖着足有一米宽的粗铁丝作筢刺儿的大筢子,一筢紧挨着一筢从东往西搂过去,再从西往东搂过来,却也如同为这块刚刚薅过猴毛的猴子梳头又梳身。这个铁丝筢子倒也不太重,拖起来也不太累,关键是坡地上滚动的热浪太难忍受了,火盆似的太阳就在头顶喷火,被晒了大半天的麦茬子热气蒸腾,拖着筢子过去再拖着筢子过来的过程,是被翻来覆去的炙烤。尽管头顶戴着草帽,头皮和脸皮仍然感觉到难耐的烘烤的灼伤,身上和裸露的小腿更不用说了。从家里带来的沙果叶茶水早已喝光,汗水似乎已经淌干流尽,口干到连一口唾沫儿也吐不出,看着还有一大半尚未搂过的麦茬地,有种想哭却哭不出来的无奈。看到远处一块坡地上有一个同龄的伙伴也在搂着,心里似乎有一种安慰,农家娃娃都得做这种活儿,且谈不到劳动的单调和无趣,那时候还不懂这些高雅的词汇,尽管切实地承受着……而当某天晚上和父亲坐在院子里吃晚饭,抓起母亲刚刚蒸熟端到跟前的白面馍馍咬下一口时,父亲顺口便会说,白面馍馍香不香?香。爱吃不爱吃?爱吃。明年搂麦子,再甭嘴噘脸吊的了,搂麦子受苦招架不住的那阵儿,想到吃白面馍馍,你就有劲了……这是我最初接受的关于劳动的教诲。

祭　　祖

我生活的村子叫西蒋村,解放初仅三十七户人家,村子东头有一条沟,留着清凌凌的发源自原坡上的泉水,供全村人饮水、洗衣,也浇灌小块田地。沟那边有一个东蒋村,更小,不过二十七户人家,村子之间的距离不足二里路。两个以蒋姓作村名的村子却没有一户姓蒋的人家,我问父亲,父亲说不清楚,问比父亲更年长的老爷爷,竟没有一个人说得清白。我生活的西蒋村几乎全是陈姓,只有两户郑姓的人家。陈姓共有一个老祖宗,我却搞不清老祖宗的大名了,然而,这个陈姓老祖宗当属三十五户陈姓人家的始祖,也当是第一个在西蒋村这块地盘上落脚的人,有族谱为证。

每到大年三十后晌,陈姓的成年男子领着虽然尚未成年却已懂人事的男孩齐聚我家,迎神拜祖。父亲早已把不大平整的上房中间的地面用湿土垫平砸实,清扫干净,把我家那张方桌擦洗得一尘不染,放置到后墙中间开着后门的位置;方桌上已经摆置了蜡台和香炉,还有四盘令人馋涎欲滴的油炸的馃子和点心;那幅族谱——俗称神轴——就摆在方桌上,近乎一丈长,平时架放在木楼上,到此时父亲把它拿下来了。待全村陈姓男人聚齐,由陈姓一位辈分最高年龄最长的老者主持仪式,开首是:点蜡上香。这项指令实际是老者发给自己的,话音刚落,他便拿起点燃的火纸,猛吹一口气,那自燃的火纸便冒出火焰来,老者先点着左边的插在蜡台上的紫红色蜡烛,再点着右边一支,再撮三根紫色的香,在蜡烛上点燃,一根一根又一根插入盛着细沙的香炉,双手抱拳,跪拜三匝,然后退居方桌旁边。在老者发出"点蜡上香"的指令时,侍立在方桌两边的父亲和另一位男子便举起族谱——神轴,缓缓地展开,再挂到墙上。也就在此同时,我家街门外便响起鞭炮的响声,夹杂着雷子炮的震天轰响。侍立供桌前的陈姓男人们,依着辈分的高低,一个一个走到供桌前,从香炉里抽出一根紫香(只有主持的老者上头一道香拿三根),在蜡烛跳跃着的火焰上点燃,双手掬着插入香炉,再双手抱拳举到额头鞠躬,然后跪地三叩首。有领着儿子的人,儿子在他右首照着他的动作做下来。我父亲在陈姓的辈分最低,我自然更低一辈了,轮到父亲朝拜列祖列宗的时候,已经剩下不足十来个人了(拜过的人都回家去了),我跟着父亲一起鞠躬跪拜,心里顿然也会潮起一种肃穆的感觉。

在我们家祭拜陈氏祖宗的事,据说有两个因由,一是我们家有一幢三间大房,尽管这幢房子已经分为两半,我家和叔父家各占一半,但作为敬奉祖宗展挂神轴却是宽展的,几乎是别无选择的。大约到1949年解放,村子里仅仅只有两三幢这种被称作大房的房子,多数村民都住着单面流水的比较窄小的厦房,厦房既供不起长宽都过一丈的神轴,也容不下祭拜的陈姓族人;再一个因由,据说是我爷爷曾经是村子里说话很有分量的人,尽管辈分低,却不影响他说话的分量,由他保存神轴年终祭拜祖宗就是顺理成章的事了。爷爷大约在父亲刚刚成年时便英年早逝了,尽管父亲不再具备爷爷说话的分量,保护神轴祭拜祖宗的活动依旧在我家顺延。在我有资格跟着父亲跪拜祖宗不过两三次之后,这幅神轴转移到另一户人家,这户陈姓人家盖起了宽敞的三间新瓦房,而我家的老房子已经漏雨了,积雪融化滴溜的水滴浸洇了神轴——陈姓列祖列宗神圣到顶礼膜拜的族谱——那是不可饶恕的罪孽。在我跟着父亲到这户祭奉祖宗神轴的房子里去跪拜的时候,对祖宗的虔诚已发生自觉,却也因不在我家里而隐隐感到一缕空虚……再没过几年,在破除封建迷信的"大跃进"年头里,神轴——陈姓族谱据说被焚毁了,入年三十后晌公祭的事再没有举办过。我也留下了无法补救的遗憾,搞不清陈姓四辈往上的祖宗,更不知进入西蒋村的陈姓始祖的大名了。

原上有个名叫窑村的村子,乡民多姓陈,是从我们村子迁居到原上的窑村的一户陈姓人家繁衍的族群,每到大年初一,他们搭帮结伙从原上下来,到我家(后来到另一家)祭拜祖宗,原上原下两个村子的陈姓后裔相聚一堂。嘘寒问暖,说收成、谝笑话,其乐融融,我和那些跟随父亲来祭拜祖宗的男娃子们,已经结伙玩耍了,同宗同祖的血缘,似乎确有某种亲情的天然纽带相系结。

卖　　菜

　　白鹿原上的这村那寨和白鹿原下的这寨那村的人家，多有亲戚关系，原上的姑娘嫁到原下或原坡上的某户人家，也多有原下的姑娘嫁到原上某个村寨的人家，亲戚间的往来就很频繁。单就我们这个不足四十户人家的小村庄说，竟然有六七户人家都和原上有这种最亲近的亲戚关系，而我母亲的娘家（我的舅舅家）就在白鹿原西头的五坊村，两个姨妈家也在原上的两个很大的村子。这样，在我尚未懂事也爬不动坡上很陡的土路的时候，据说是由父亲背着我上原，每年正月头上去向舅爷舅奶舅舅舅母拜年。到我能走得动的时候，一大清早起来便跟着父亲母亲出门上路了，从我们村子通舅家的原上的村子有一条斜路，大约七八里，尽管天气很冷，走上原头的时候早已浑身淌汗了。

　　走上原头的感觉是奇异而又新鲜的。天太宽阔了，直到眼睛所能抵达的模模糊糊的终南山的群峰（那时候尚不知终南山的称谓，当地乡民只说南山）；往北看，对面的北岭（即骊山的南端，同样在那时尚不知骊山的称谓，当地乡民只说北岭），竟然遮挡不住天了；原上一马平川，远远近近散落着大大小小的村寨，无论如何望不见东边原的尽头，便有一种神秘感。我之所以会有这种感觉，完全是我生活的小村庄所在的特定地域造成的。我们的村子紧紧倚靠着白鹿原的北坡，站在村子的任何一个角度，满眼都是熟悉不过的坡坎和峁梁,刀裁一样的原顶遮住了天空,往北看,便是骊山的南麓,同样遮住了天空;在南原和北岭之间,蓝的天或阴的天,永远都是窄窄的一条长绺的天空,当地乡民自我调侃说,生在咱这地方,一辈子只看一绺绺天。绺绺,通常是说布条的,一绺布条。在我能够独立走上白鹿原的时候,宽阔的天和平坦无边的地让我发生奇异的感觉就不足为奇了。

在我更生动鲜活的记忆,是上原卖菜。

在我考上中学的时候,家庭的经济来源没有了,父亲种树卖树供我们兄弟俩上学,无奈树长得太慢,供给不上两个中学生的学杂费;村子里已经建立了农业合作社,即使劳动有盈余,也得等到年终合作社决算后才能分配,况且多数人家都是倒贴户。我在父亲完全无法可想的困局里,上完初一第一学期便休学了,后来在政府的帮助下复学,却错过了一个年级。记得是在复学读完初一的那年暑假,出现了学生卖菜挣学费的新鲜事,而且很快形成了一股风气。那些和我一样先后考入初级中学的乡村学生,其实大多数的家境相差不了多少,十个有九个都上不起每月大约要花费十元钱的学生灶,都是背着一袋子馍上学,每天三顿都是开水泡馍,伴着辣椒酱或咸菜。即使如此节俭,每学期开学的十多元学杂费仍然成为每个学生家长的重而又重的负担。这一年的暑假,不知由哪个村子的哪位脑门活泛又灵动的学生闯出一条挣学费的生财之道,从原下的农业合作社的菜园里趸下时令蔬菜,第二天一早挑着菜担上原,到原上的镇子上去卖,赚下钱来,到暑假结束便高高兴兴交学费了。我很快就加入到这个刚刚形成的学生卖菜的不大不小的群体中了，心劲颇高，不用再担心失学了。

白鹿原上自古缺水，俗称旱原。无论大村小寨的乡民，吃水是最大的困难，靠人力打下的深井，水多不旺，而且是人力所能挖到的极限深层了。吃水历来困难，种庄稼自不待说是靠天吃饭，每年只种一料麦子，不种秋田，在于秋禾更费水，而当地的气候特征恰恰是十年有九年的伏天都缺雨水，蔬菜就更谈不上种植了。原下人调侃原上人说，宁可给你一个馍，不舍得给你一碗水。更有甚者说，原上人早晨起来，为节省洗脸水，夫妻兄弟姊妹面对面吐唾沫儿洗脸……原下的一个又一个村庄，门前流着丰沛的灞河清流，每个村子都有引灞河水自流浇灌的水田，还有不少稻地。在个体经营时代，几乎每个村子都有一两户心灵手巧善于抚育蔬菜的农民，便有了收入强过普通庄稼的菜园；到上世纪五十年代中期农业合作社建立后，每个社里都有相当规模的蔬菜种植地块，作为合作社的副业。我们村子就有五亩地种植着传统的韭菜、大葱、蒜苗、茄子、辣椒和刚刚引进的洋柿子（西红柿）等，合作社社员把这些蔬菜挑到原上的镇子去卖。原上人自古以来就吃着原下人种的菜。

我在我们村子的合作社的菜园里荎下时令蔬菜，多是大葱、韭菜、茄子和西红柿，总量一般不超过五十斤，这是十五岁的我挑菜上原所能承受的极限重量。

我和村子里的小伙伴一起挑菜上原。天微明便爬起来挑着装满蔬菜的竹笼出门了，走不过一里平地便上坡，目的地是狄寨镇——我尚不知是用北宋大将军名字命名的镇子,大约十华里远,上原后到镇子还有约三华里平路,上原的陡坡路占过大半。我挑着蔬菜,出村子时尚不觉得压迫,很快走过一里平地开始踏上上原的坡路的时候,那装着蔬菜的两只竹条笼便沉重起来,出气也急促了,汗水也冒出来了,直到肩膀疼痛不堪双脚也难以跨步的时候,便招呼伙伴歇一歇……从出家门到上到原顶,少说也要歇四五回,上到原顶的那一刻,肩头的担子几乎是扔到地上的,当即躺倒在地,汗水似乎汹涌而出,喘着粗气的嘴连叫妈的气力都没有了。然而,心里却是一种成功的轻松,最难的坡路爬上来了。待喘息初定,便拿出用布包着的馍来,肚子也咕咕叫起来,吃完一个馍,便挑起两笼蔬菜直奔狄寨镇了。

狄寨镇街道的两边,任由各种商贩自选位置,先到者便先占得街道中间人来人往最稠密的一方地盘。我选定地盘放下装菜的竹条笼,把各色蔬菜都亮出来,便坐在地上迎接买菜的顾客。上世纪50年代中期的蔬菜价格,我从合作社趸来的时候,韭菜大约五分钱一斤,大葱一角钱,西红柿七八分钱,挑到镇子卖出时的价格都要翻一倍,开始时咬紧牙关不给购菜者讨价还价的机会,如果销售不顺利,便只好忍痛降低售价了。印象深的事是算账麻烦,那时候还用的是十六两为一斤的秤,买主如果买整数的蔬菜很好结账,如果一斤二斤又带着三两四两,结算就犯难了,我便用小木棍在地上划拉乘法运算,往往惹得那些大叔小婶瘪着嘴笑,逗我说这个"土算盘"算的账准不准?然后才掏出钱来付我。如果卖得顺利,到人去集散的时候卖完最后一秤菜,挑起空笼走出集市的时候,便有一种想喊想唱的快乐;如果眼看着街道上的人越来越稀,笼里的蔬菜还剩下不少,便着慌了,很自然地减价,而且大声呼喊着"便宜了减价了快来买呀"之类的吆喝;如果仍然无人问津,便只好和同样没有卖完菜的伙伴重新挑起菜笼,到镇子周边的村子去叫卖,肯定会贴本儿,这是令人丧气的事。

从初中一年级到高中一年级,每年暑假都是以割草和卖菜为主要劳动项目。原上有三个较大的集镇,各有各的集日,除过一个距家太远的集镇,另两个集镇每逢集日,除过下雨天,我都会挑着两笼蔬菜去赶集,多数时日里都可以赚一元上下的人民币,也有赚不到钱乃至亏本的倒霉事。无论如何,每到暑假结束背着一袋子馍上学去的时候,口袋里装着我自己卖菜挣来的学杂费,是一种坦然,乃至骄傲。有一年卖菜收入颇丰,母亲竟到供销社买来机织的"洋布",在镇上的裁衣店为我做了一件四兜的制服,我平生第一次穿上了制服。

木板·秧歌

1950年春节过后的一个晚上,父亲把我叫到方桌前,郑重却也平和地说,你明日格去上学。我也不觉得太惊奇,上学的事在年前已经说过不止一回了,只是明天就要走进学堂的时候,还是有一种说不清楚是紧张或是受制约的异样的感觉。我没有说话。父亲接着把一支新买的毛笔递给我,还有一沓写大字的仿纸,说,你跟你哥合用一个砚台。我哥早我两年上学,笔墨纸砚备全,我接过写大字的毛笔。拔下那个竹筒笔帽儿,毛笔的竹竿尖头是一撮紫红色动物毛做的笔头,我当即联想到在原坡上割草时撞见的狐狸尾巴的毛,据说好毛笔都是用狐狸的尾巴制作的,称鸡狼毫。

　　学校设在村子东头的一孔窑洞里。我们的村子倚着白鹿原北坡的坡根自东向西排列,我家是西头倒数第二家,后门外的坡地却是河卵石和河沙的沉积层,这是不知几千乃至几万年前,灞河曾经流过的河床。村子东头却是黄土崖,不见一粒沙石,村民便在崖根下凿成冬暖夏凉的窑洞。这里的窑洞又高又深且宽阔,里边用土坯垒成隔墙,一家两代乃至三代共住一孔窑内。作为学堂的这孔窑,是村子里有房子住的一户人家放置杂物的闲置的窑洞,提供给乡民作学堂,已经使用许多年了。这孔窑洞学堂容纳着二三十个学童,是我村和东蒋村以及处于原坡上的仅有十多户人家的史家坡三个村子的求学的子弟。请来的教书先生的报酬,由上学的学童的家庭分摊,那时候不论钱而论麦子,大约是解放前国民党纸币贬值得和废纸一样,人们常说背一口袋纸币买不来一口袋麦子,乡民们的交易便是以物易物,无论卖地卖树嫁女儿,都以麦子或苞谷为易物。聘请来的教书先生,也是议定一学季给多少斤麦子,具体给多少,我那时不用关心。

　　我拿着父亲昨晚交给我的毛笔和一沓写大字的仿纸,拘束而紧张地走进那孔窑洞,在自家的方桌旁的自家的长条凳上坐下来。

那个时候的乡村学堂,没有公用桌凳,由学童搬来自家的方桌或条桌和凳子上学,有的学童的家长约定合用一张桌子,我家的方桌四边可以坐八个学童,我和我哥之外,另有四五个同村的学童共用一桌。

紧靠窗户是一个土坯垒成的炕。紧靠炕边支着一个方桌。桌上摆着一摞书和一摞纸,还有一个插着粗杆细杆毛笔的笔筒,还有磨墨的砚台。先生正襟危坐在桌边的椅子上。先生很年轻,穿一件淡蓝色长袍,正在给学童写影格。初入学的学童先把先生写好的影格垫在仿纸下面,然后按着影格上的字的笔画在仿纸上照写。我不敢到先生的方桌跟前去,由我哥把一方仿纸送到先生桌上,要求为我写一方影格。约略记得是从一到十最简单的十余个字,我把影格铺到仿纸下,模模糊糊可以看到仿纸下的笔画,用蘸了墨汁的毛笔照写起来,尽管横笔不直竖笔歪扭,却总算是我捉笔写出的第一张汉字了。

印象里的先生眉目清秀,却不苟言笑,看去和善的脸上,一旦被哪个学童惹得生起气来,也够怕人的,顺手便抓起摆放在方桌上的足有三尺长的窄木板,抽打那个学童的手掌,打得学童尖声哭叫,他也不会饶恕,说打五板绝不少打一板。我确凿怯惧那把木板,窝着贪玩的野性子,避免了木板击掌的惩罚。我已记不清学习课目的内容,却记得这种延续到1950年春天的老式乡村学堂的格局到秋季就废止了。据说穿蓝袍的先生被政府收编,集中培训去了。人民政府派来了一位新老师,穿着四个兜的干部服,个头高大且粗壮。他到处向乡民申明他是人民教师,要称他是×老师,不许再称他先生;对入学的孩子要称学生,不能称学童了;最让乡民们新鲜的是,这位人民教师的报酬由政府每月发给,不用学生家庭分摊,村民们惊喜地说,娃娃念书不掏钱,新社会真好。

我上学的第二个春天,村子里实行了土地改革,我们村子没有划定一户地主或富农的农户,比我们村子少一小半农户的东蒋村划定一户地主成分的人家,土地和财物被分配给穷人了,作为三合院的坐庄建筑——三间大房,收归为公有,议定为初级小学的学校。这样,1951年的下学期,我和同学们就在这幢宽敞的大房子里上课了。教室宽敞了,光线也比窑洞亮堂了,却要出村子跑远路上学了,东、西蒋村之间纵着一道不太高的土梁,梁的两边是两条不太深的沟。那时候一天上三次学,我和西蒋村同学便来回翻六次沟和梁,却也从来不觉得累或苦。也是从这学期起始,教室里有了女学生,都是老师耐着心到乡民家里说服开导,应该让女娃上学识字,女学生逐渐多起来了,还有十六七岁的大姑娘也认字求学来了。

每天下午,这位老师领着我们在农民的打麦场上扭秧歌,双手上下轮换甩动,高过肩膀,三步一跳,左右扭摆腰身,动作不复杂,很容易做到,难的是排列的两队不仅要步调节奏一致,而且两队要互相交叉变换队形。后来老师又教给我们一种竹竿秧歌,因为多数学生家里没有竹竿,老师变通为柳条,我们从灞河滩到处都有的柳树上砍下擀面杖粗细的柳树枝,剥掉皮,是洁白的柳杆,再用红颜料涂成红白相间的彩色。按照老师教的竹杆秧歌的舞步跳起来，仍然是三步一跳，右手拿着的竹(柳)杆合着脚步击打左肩再击打右肩，最后击打跳起来的脚掌。同学们个个都练得认真，跳得满头大汗也乐在其中，尤其是打麦场边有许多男女村民和小孩围观的时候，大家跳得更认真了，吹着哨子伴着节奏的老师也更来劲了。

教育局的管理部门组织了一场秧歌赛，分片举行，原坡地区的初级小学会聚在中心小学，我们的竹(柳)杆秧歌别具一姿，独领风骚，随后被安排到原坡和原上的村子里去表演(还有另外几所学校的秧歌队)。每有节日庆祝活动，我们的竹(柳)杆秧歌都受邀表演。我大约刚交上十岁，跟着老师和同学，攥着一根磨得溜光的竹(柳)杆，扭遍了原下原坡和原上的大寨小村，兜里装着自家的馍或锅盔，所到之处的村子或学校供给开水，歇息下来便吃馍喝水，依旧劲头十足地扭。

直扭到四年级毕业，在当年考高级小学难似考秀才的升学考试中，我竟考中了。当时学习的情况已经基本无记，只留下竹(柳)杆秧歌的记忆。在我后来到原上或原坡的这村那庄走动的时候，偶尔竟会泛出少年时到这里扭秧歌的情景。

2012 年 12 月 17 日咸宁居

愿白鹿长驻此原

独寻秋景城东去,白鹿原头信马行。

这是白居易一首七绝中的两句。每有机缘上原,心头便会涌出这首绝句,情绪顿时也会畅朗起来。我无法想象千余年前的白居易纵马白鹿原上寻到的是怎样一幅秋色美景,单是眼前的一派绿色,已经让我沉醉了。

一条新修的宽敞的公路盘旋在西边原坡上,两边是层层叠叠的绿树。刚刚从酷暑进入初秋,尽管杨树柳树槐树等树木的树冠呈现着深色和浅色的小小差异,却依然流露着蓬勃的气象。草木清爽的气味,诱使我连续深呼吸。这里曾经是荒坡和梯田。荒坡上长满枣刺和杂草。梯田里一年只种一料麦子,因为缺水缺肥,麦子长得矮小细瘦如同猴子的黄毛,收割时搭不住镰刀,只能用手薅,民间戏称薅猴毛,产量也就可想而知了。大约不过十年前,那种延续了不知多少年的广种薄收乃至无收的景象中止了,退耕还林,便有了这一派让上原和下原的人心旷神怡的绿色。

上原的路大约走到一半,有一道平台,自南到北散落着一个个或大或小的村庄,俗称二道原。民办大学思源学院已成气候,随坡倚势建造成一幢幢楼房,校园里如同精心构设的花园,四季轮番开放的花草和花树,弥漫着种种诱人的香气。这里活跃着来自全国各地的两万余名学子,避开了都市的喧嚣,在这一方天地汲取知识。校方扶持建立了白鹿书院,我常和一些文学朋友到书院交流,尽管他们多是走南闯北见惯了奇山异水的人,也多感佩这一方地域独有的脉象。大约十年前,这所大学的创始人周先生约我参加一个座谈会,把他想在白鹿原的二道原上创办一所民办大学的意图坦陈出来,让大家论证。我那时竟然很激动,一时尚不敢估计这座古原破天荒建立的第一所高等院校的深远影响,却也想到不仅是每年能有多少年轻人完成高等学业,更有对原上乡民文化意识的潜移默化的启示。十年过去,这所学院不仅被评为全国十大民办大学,而且让民办大学由二道原扩展到白鹿原上,挂着种种专业校牌的民办大学已建成十余所,形成了一个颇具规模的民办大学城。就我粗略的印象,1949年新中国成立前,这道原上大约只有两三所新式小学;截止到上世纪90年代,仅有三四所中学,分属三个区县督管;到今天不过十年时间,这里已经形成拥有十余万学子的民办大学城了。从这些民办大学门前经过的时候,我常有不可思议的感慨,变化之快几乎让我不敢相信,随之也生出生不逢时的自怜,如若晚生许多年,就不会留下缺失高等教育的人生遗憾了。

　　原的西部已经几乎看不到庄稼,传统的麦田消失了,蓬勃着一眼望不透的樱桃树。种植樱桃和小麦的悬殊的收益，是任谁都不会拒绝对樱桃的选择。每到五月樱桃成熟时节，原上原下和原坡的万亩樱桃园里，笑语喧哗，那是西安城里人或呼朋唤友或扶老携幼上原摘樱桃时忘情的声浪。秋天刚刚来到原上，葡萄又熟了。樱桃几乎是家家户户都有种植，而葡萄却是规模化的集中栽培。原上先后建起三家较大规模的果园，两家既种樱桃又种葡萄，还有一家是专门种植葡萄的园子，种植面积有几百亩到过千亩，都是以最严格也最规范的技术措施栽培管理。我曾有幸参观，可谓大开眼界，且不说那些颇为深奥的技术措施，外行的我看到细水浸润的滴灌设施，顿然感知到现代农业和粗放管理的农业的差异来。为了保证果品的品质，一概不用化肥，连复合型的肥料也不用，而是从内蒙古草原收购牧民的牛羊粪，集中窝沤，使其熟化，再从千里外的内蒙古草原运回原上，单是这项投入的工本就令我咋舌了。这样培植的樱桃和葡萄，不仅味美，更让消费者放心，价格也就高出普通果园的樱桃、葡萄几倍。我走在这家葡萄园里，满眼都是紫红的葡萄串儿，嘴里就有口水溢泛。这位种植园主是我的同乡，一位卓有建树的农民科学家，曾获得国务院的褒奖，那是他向乡民传授各种果树管理技术赢得的奖励。他在原上亲自种植葡萄，更带有示范的效应。我更多感佩的却是这道原的变化，自古以来白鹿原缺水，向来不植一株果树，即使庄稼，也只能保证一料小麦的收成，多有的伏旱，秋天的作物十有九年都无收获。更甚者，生活用水都很困难，原下人调侃原上人说，早晨起来，夫妻对面吐唾沫儿洗脸。现在,每个村子都有深井,自来水通到家家户户,果园也就蓬勃起来了。白鹿原高过渭河平原二百米,昼夜温差大,无论樱桃无论葡萄的甜蜜就享有天时地利的优势了。

绿树掩映着的一个个或大或小的村庄,既是古老的,又是新生的,古老到和这道原的历史一样悠久,新生在于现在的村庄已经完全改换出一派新的风貌,一幢幢二层小楼或平房,从绿树的空隙间显露出来。如果走进村巷,便会看到甚为讲究的一个个农家院的门楼上都有题款。几乎看不到土坯垒墙的传承了千年的厦房了。沟通每一个村庄的道路全部实现了硬化——水泥路面,永久性地告别了泥泞小路。我曾陪《白鹿原》剧组的朋友踏访原上村庄寻找外景地,失望而归,上世纪的白鹿村的影像荡然无存。我不为剧组的失望而失望,倒为原上的乡党而庆幸,他们终于获得了安逸富足的生活,既不为锅里缺米缺面而熬煎,也不为屋漏而愁肠百结了。

写到这里,我突然意识到,每触及一景,便牵出这一景地昨天的景象来。似乎不是有意为之,而是一种自然的不可违逆的心理反应,昨天的贫瘠景象铸存太久,而今天焕然一新的景象来得太快,作为这道原的亲历者,发生今天与昨天的鲜明而又强烈的对比,欣然的感触和感慨就是本能的心理反应了。

因为一只白鹿的出现,这道原便有了象征着吉祥安泰的白鹿的名称。随后,汉文帝葬在白鹿原西北的原坡上,原坡根下流淌着灞水,文史典籍称为灞陵,这道原也被改名为灞陵原,民间却少有人说。自北宋大将军狄青在原上屯兵驯马,这道原又被改换为狄寨原，一直沿用至今，白鹿原的名字早已湮灭以至消亡了。近年间，因为拙作《白鹿原》的发行，这个富于诗意也象征着吉祥安泰的白鹿原的名字又复活了。白鹿原名称的重新复归，恰当其时，多少代人期盼向往的富裕和平的日子已经实现，却是改革开放的科学而又务实的富民国策实施的结果。

愿白鹿长驻此原。

2012 年 9 月 27 日二府庄